现代诗词评论

金 中 著

陕西师范大学出版总社

图书代号　JC13N0747

图书在版编目(CIP)数据

现代诗词评论 / 金中著. —西安:陕西师范大学出版总社有限公司, 2013.7(2015.11 重印)
ISBN 978-7-5613-7136-7

Ⅰ.①现… Ⅱ.①金… Ⅲ.①诗词—诗歌评论—中国—现代　②诗词—诗歌评论—中国—当代 Ⅳ.① I207.22

中国版本图书馆 CIP 数据核字(2013)第 139835 号

现代诗词评论

著　　者 /	金　中
责任编辑 /	梁　菲
责任校对 /	王丽敏
封面设计 /	鼎新设计
出版发行 /	陕西师范大学出版总社
	（西安市长安南路 199 号　邮编 710062）
网　　址 /	http://www.snupg.com
经　　销 /	新华书店
印　　刷 /	北京京华虎彩印刷有限公司
开　　本 /	787mm×1092mm　1/16
印　　张 /	10.5
字　　数 /	152 千
版　　次 /	2013 年 7 月第 1 版
印　　次 /	2015 年 11 月第 2 次印刷
书　　号 /	ISBN 978-7-5613-7136-7
定　　价 /	28.00 元

读者购书、书店添货或发现印刷装订问题，请与本社高教出版分社联系、调换。
电　　话：(029)85307826　85303622(传真)

目 录

绪论　前卫诗词宣言 …………………………………………（1）

第一编　现代诗词通论

第一章　外来语入诗——现代诗词语汇论 …………………（4）

第二章　向外国寻找灵感——现代诗词题材论 ……………（8）

　　一、外国的历史人物、事件 ………………………………（8）

　　二、外国文学 ………………………………………………（9）

　　三、外国歌曲 ………………………………………………（13）

　　四、结语 ……………………………………………………（16）

第三章　简明格律规则——现代诗词格律论 ………………（17）

第四章　标点符号的标注——古典诗词表现论 ……………（19）

　　一、诗词正文中的标点符号 ……………………………（19）

　　二、标题、序文中的标点符号 …………………………（29）

　　三、结语 ……………………………………………………（30）

第五章　标点符号的应用——现代诗词表现论 ……………（32）

　　一、标点符号的基本应用 ………………………………（32）

　　二、标点符号的综合应用 ………………………………（39）

　　三、当代诗词中的标点符号问题 ………………………（41）

四、结语 …………………………………………………………（44）

第二编　现代诗词各论

第一章　强力意志——论毛泽东诗词本质 …………………………（46）

第二章　对精品的呼唤——评萧瑶"果成熟后"诗 …………………（50）

第三章　"空灵"创作的得失——评刘庆霖第一诗集 ………………（54）

　　一、"空灵"创作之得 …………………………………………（54）

　　二、"空灵"创作之失 …………………………………………（57）

　　三、结语 …………………………………………………………（61）

第四章　"童话诗词"的成功与局限——评刘庆霖第二诗集 ………（62）

　　一、"童话诗词"的成功 ………………………………………（62）

　　二、"童话诗词"的局限 ………………………………………（64）

　　三、"童话诗词"的今后课题 …………………………………（69）

　　四、结语 …………………………………………………………（71）

第五章　创新与传统的协调——评刘庆霖第三诗集 ………………（72）

第六章　写实手法的运用——评何鹤诗词 …………………………（76）

第三编　日本汉诗评论

第一章　斯文不丧畏匡时——石川忠久其人其诗 …………………（82）

　　一、汉诗"训读法"的利弊 ……………………………………（82）

二、石川忠久的汉诗作品 ……………………………………（83）

　　三、石川忠久的汉诗活动 ……………………………………（86）

第二章　"风雅"情调的局限——评水出和明诗 …………………（90）

　　一、水出和明的汉诗 …………………………………………（90）

　　二、"风雅"情调的局限与内因 ………………………………（93）

第三章　迎接新时代汉诗发展的机运——寄稿全日本汉诗联盟成立

　　………………………………………………………………（96）

第四章　衰退之后的希望——日本当代汉诗概况及课题 …………（98）

　　一、全日本汉诗联盟的活动 …………………………………（98）

　　二、日本当代汉诗的传统追慕倾向 …………………………（100）

　　三、日本当代汉诗的课题及展望 ……………………………（102）

第五章　风花雪月的世界——《扶桑风韵》杂志述评 ……………（105）

　　一、《扶桑风韵》第五期 ……………………………………（105）

　　二、《扶桑风韵》第六期 ……………………………………（108）

　　三、《扶桑风韵》第七期 ……………………………………（110）

第四编　现代诗词朗诵

第一章　诗词朗诵在现代的意义——记日本首次"汉诗朗诵会" …（116）

　　一、朗诵会的构想及准备 ……………………………………（116）

　　二、朗诵会的进程 ……………………………………………（118）

　　三、朗诵会的意义 ……………………………………………（121）

第二章　诗词朗诵与吟诵的配合——记日本第二次"汉诗朗诵会" ……………………………………………………………（124）
　　一、中文朗诵与日语吟诵的并行 …………………………………（124）
　　二、朗诵会的进程 …………………………………………………（125）
　　三、朗诵会的今后课题 ……………………………………………（126）
第三章　诗词朗诵与民乐的配合——记东京唐诗朗诵演出 ………（128）
　　一、"日中友好阳春音乐会"演出 …………………………………（128）
　　二、"日本与中国·音乐之夜"音乐会演出 ………………………（130）

第五编　金中诗词自述

第一章　新世纪的传统诗词——《与君相爱五千年》后记 ………（134）
第二章　我的诗词之路——《青春现在进行时》后记 ……………（136）
　　一、作诗的开始 ……………………………………………………（136）
　　二、作诗的摸索 ……………………………………………………（137）
　　三、留日诗词集的意义 ……………………………………………（138）
第三章　攀越现代诗词的高峰——《请君贴近我心房》后记 ……（141）
　　一、《请君贴近我心房》的创作 ……………………………………（141）
　　二、留日诗词集与青春 ……………………………………………（142）
第四章　今生相聚的爱情——关于我的《前缘》与《原初》 ……（145）
第五章　千年血脉汇双流——关于我的海峡两岸交流诗 …………（148）

附录　本书文章刊载、收录一览 ……………………………………（154）

结语　现代诗词评论学的构建 ………………………………………（157）

绪 论
前卫诗词宣言

21世纪！全新的时代降临了！

这是一个科技迅飞、地球多元文化水乳交融的时代！

这是一个自由开放、热情洋溢的时代！

在这样的时代，仅模拟古典诗词——以唐宋诗词为代表，包括元、明、清代的传统诗词，尽管这是我们民族曾经创造过的无比自豪的精神财富——越来越显示出其历史局限。自清末至今的一百多年里，黄遵宪、梁启超以来的无数有识之士早就为突破其窠臼而摸索尝试，取得了许多可喜成就。现在，我们郑重地呼唤——没有任何时刻比现在更加成熟、更加迫切地郑重呼唤——一种能够充分表达我们现代中国人心声的诗歌作品——**前卫诗词**——的到来！

前卫诗词的**内容**，是以鲜活的语言、坦诚正直的笔调，生动地描写我们变革中的国家和时代、真实的社会风貌和人民的喜怒哀乐，抒发我们对之汹涌澎湃的内心感动。这里要排除一切虚伪的矫饰，抛去古装的面纱和生僻的典故，做到能让当代人明白易懂尤为重要。前卫诗词将革新诗词古色苍然的旧形象，打破诗词只为少数专家所独享的旧观念。她向新生事物开放，她向全民开放。其读者，是作为文化意义上的中国人，包括大陆、港澳台和遍布全世界的华人。

前卫诗词的**格律**，原则上以现代普通话为标准。一、二声为平，三、四声为仄。格律诗遵循诗联内部及诗联之间诗拍平仄交替的规则。押韵逐步实现由"平水韵"向新韵的过渡。这些仅为大致框架，只要是佳句，可以不受其制约。

前卫诗词的**评价**，仅指出诗作中某个字词不合格律或缺乏前人出典，意义有限。能否出色表现作者的内心感动，能否引起广大读者共鸣，是其主要标准。

前卫诗词的**社会价值**，是通过表现当代人的情感，使诗词走向大众，提

绪 论

高诗词的普及和全民的审美情趣，从而起到增强民族凝聚力、净化社会风气的作用。

前卫诗词的**文化意义**，是完成诗词新旧内涵的转型，也是中华传统文化如何适应新时代要求之课题的重要一环。我们有责任和义务，把华夏大地的诗精神，那上溯《诗经》的远古呼声，传承到下世纪。

毫无疑问，承担这一使命的是我们**青年**。这并不专指年轻人，而是包括在精神上饱含青年朝气的所有年龄层之诗词创作者。

前卫诗词脱胎于古典诗词，绝不意味着同古典诗词的割裂。我们要特别强调：前卫诗词的作者，不能松懈对古典诗词的学习。古典诗词是前卫诗词的基础，前卫诗词从中摄取无限的养分。同时我们也鼓励多涉猎一些现代自由诗和外国诗，从中获得参考启迪，来丰富前卫诗词的表现手法。

前卫诗词能否成功，诗词变革能否实现，这是时代对我们的庄严考验。企盼精神食粮的人民大众关注着我们，屈原、陶渊明、李白、杜甫、苏轼、辛弃疾……的在天之灵凝视着我们。岂能让他们失望？今人岂能甘拜古人下风？

让我们以自己的全身全灵，投入到这场轰轰烈烈的前卫诗词运动中去！

第一编

现代诗词通论

著者于日本市川市郭沫若纪念馆

第一章　外来语入诗

——现代诗词语汇论

本章所说的外来语，主要指现代汉语中以音译形式吸收的外国词汇，其入诗之意义似小实大。这不仅仅意味着把一两个新词用到句中，为诗作带来些"洋点缀"，而是关系到诗词如何拓宽题材、贴近当代生活的重要课题。

不要以为外来语只是一个冷冰冰的、无足轻重的称谓。它是有体温的，有生命的！

当我们提到一个外来语时，这个词汇所指示的事物首先可以引发我们一连串的联想和情感好恶；其次，构成这个词汇的各个汉字——尽管它们组合在一起主要是为了传达语音——亦能引发某种程度的暗示。所以，外来语有着丰富的内涵和感情色彩，虽然微妙但确实存在。其发现有赖于诗词作者的想象力以及对词语的嗅觉和品味能力。

例如，当我们提到"夏威夷"这个旅游胜地时，脑海中会浮现出无垠的海滨沙滩、碧蓝的天空下成行的椰子树以及度蜜月的情侣等一系列形象。"夏"字本身就容易让人产生"明亮""热情""大海""泳装"等联想，"夷"字又音同于"怡然"的"怡"。因此，"夏威夷"一词的语感极富浪漫色彩。

又如，听到"伊丽莎白"这个名字，我们能有一种雍容华贵之感。一方面，使人想到英国女皇和与之附随的英国皇家传统；另一方面，"莎"字音同"纱"，可联想到贵族女士身着的精细丝织品，"白"字既可理解为纱之色彩，亦能联想到女性白皙的皮肤。

而"尼古拉"一词，则似乎让人感到沉重压抑得透不过气来。这是沙皇的名字，使人想到黑暗沉滞的沙俄时代，同时"尼古拉"又与香烟中的致癌物"尼古丁"仅一字之别。

现在来看外来语入诗的实例。其尝试始自清末，例如梁启超那首气势磅礴的《二十世纪太平洋歌》：

吁嗟乎！今日民族帝国主义正跋扈，俎肉者弱食者强。
　　英狮俄鹫东西帝，两虎不斗群兽殃。
　　后起人种<u>日耳曼</u>，国有余口无余粮。
　　欲求尾闾今未得，拼命大索殊皇皇。
　　亦有<u>门罗</u>主义北美合众国，潜龙起蛰神采扬。
　　……
　　海电兮既没，舰队兮愈张。
　　<u>西伯利亚</u>兮铁路卒业，<u>巴拿马</u>峡兮运河通航……

　　一个个国名、地名在诗作中极具力度，为感情的抒泻起到了良好的辅助作用。

　　下面再看当代诗词例：

　　难却殷勤父老邀，山村新起<u>麦当劳</u>，一团围坐说承包。
　　　　　　　　　　　　　（熊东遨《浣溪沙·山乡杂拾》其一）

　　我们能够从"麦当劳"一词，联想到快餐店明亮的店铺、迅捷的服务和轻松的气氛。"麦""当"二字语音清脆，"劳"字富于流动感。因此，该词给作品带来一种时代的新鲜和生活的甜蜜，让人不禁对之时时回味。

　　"灯红酒绿深帷幔，摇滚冲霄汉。蛾眉淡扫晚妆妍，悦耳<u>探戈 爵士</u>舞翩跹"（刘季子《虞美人·舞厅小夜曲》），这是巧用舞蹈、音乐术语的词例。"此邦宁少罗兰辈？不信神州尽<u>Q</u>民"（徐晋如《寄答梦芙先生》）则为人名、字母的入诗例。

　　外来语乍看似与诗词非常遥远，其实仔细分析会惊人地发现：像以上所举"麦当劳""探戈""爵士"等例，只要用得巧、用得生动，是完全可以"嵌"入诗词中的。拙作七律《致屈原》的尾联为"知我沸腾鲜血里？蕴藏有汝<u>DNA</u>"。根据实际音感，"D"音同"第"字，属仄声；"N"音同"恩"字，属平声；"A"属于新韵中的"ei"韵；整体符合格律。

　　外来语在完全符合格律的条件下入诗再理想不过了。可是，当初外来语并非是为了作诗才创造出来的，有些外来语的汉字构成本身即不合平仄，但其所指示的事物却富于诗意。对于其入诗，在平仄上应允许一定通融。毕竟，外来语的文字表达是一个连贯的整体，不便改动。

第一编　现代诗词通论

郭沫若的"哀的美顿书已西，冲冠有怒与天齐"（见于《创造十年》），在"五四"之前就已经不在乎拗句。

拙作《虞美人·咏摩西》取自《圣经》题材：

> 他乡奴役终年苦，犹太谁人主？
> 归途千险赖英雄，早在神明当日预言中。
>
> 茫茫红海飞惊浪，此景心头上；
> 春风吹过<u>约旦</u>河，<u>耶路撒冷</u>圣殿祷还歌。

我想，不能因为"耶路撒冷"之地名本身不合平仄，就把这座名城永远排斥在诗词之外。

又如拙作《骆驼之歌》：

> 名赐"沙舟"背似山，航行万里运春帆。
> 愿通绿柳青洲饮，甘忍狂风暴漠餐。
> 步履从容存火热，神情沉默蕴钢坚。
> 誓征<u>撒哈拉</u>遥境，先越<u>塔克拉玛干</u>！

尾联实在是情之所至，不得不发，顾不上平仄及相同字不能重出等戒律了。

另外还有一点：外来语为新时代之产物，在听觉上我们多通过电视、广播中的普通话与之接触。那么其中用字的平仄判断，似直接以普通话发音的实际音感为准，一、二声为平，三、四声为仄，押韵采用新韵为标准较好。一方面使用崭新的外来语，一方面又讲究入声字和"平水韵"，似乎新旧不调，好像身穿长袍脚下却是皮鞋。

以上是我的一家之言，只求抛砖引玉，让外来语的入诗问题引起广大诗词爱好者的重视。最后再引用一首拙作结束本章：我总觉得美国"得克萨斯"这一州名听起来十分刚健勇莽，与之相比像"佛罗里达"这样的州名则显得文雅绅士得多。这固然同得克萨斯州的风土地理等不无关系，不过主要可能还是缘于其州名中响亮的"克"音和带来彪悍感的"萨"音之故，不知您是否同感。我是完全出于对"得克萨斯"一词的爱，构思了这首《美利坚憧憬·TEXAS》的。

仙人掌下滚原油，南美风情一望收：
地养棉田展无际，天横午日射当头。
酒吧爵士昂心胆，牛仔胸毛刺眼眸。
痛饮狂歌抒野性，当于<u>得克萨斯州</u>。

第二章　向外国寻找灵感

——现代诗词题材论

如果承认文艺作品应全面、切实地反映社会生活，那么我们就必须同意：在当今这样一个国与国之间交流日益密切的时代，中华诗词的作者，有必要将视野拓宽至外国。

当前的诗词作品在这方面的尝试，主要集中在对于域外风景名胜的描写和国际时事的歌咏上。诗词作者通过亲身游历或报刊、电视报道获悉其内容，可以说表现的都是当代的外国题材。

其实，从外国获取创作灵感远不止此：可以对外国过去的历史人物、事件进行歌咏，也可以吸收外国文学、歌曲等作品的影响。本章结合我的创作实践就之进行论述。这是因为关于该领域的开拓似乎尚未引起诗词界的关注，可供引用的先行作品较少。以自身的诗作为例来说明，至少可以明确地"招供"出这些灵感的具体出处以及构思过程。

一、外国的历史人物、事件

英国女王伊丽莎白一世于1558年即位后终身未嫁，在位四十五年间，使英国一跃成为欧洲头号强国，可谓一代明主。据说其临终之际呻吟着从前所恋男友之名。我觉得这一情节富于诗意，创作了《咏伊丽莎白一世》：

> 果断拼将处女身，枭雄一代壮英伦。
> 可怜粉帐弥留际，频唤当年旧恋人。

德国诗人海涅晚年在法国身患绝症，由无神论者转向为天主教徒。《咏海涅》一诗对此作了咏叹：

> 青春寰宇耀光芒，文笔才情柔复刚。
> 漫谱蔷薇百合颂，高呼革命自由章。
> 梦飞汉堡摇篮地，病卧巴黎墓穴床。
> 无奈皈依天主去，诗人老境太凄凉！

《圣经》是西方思想文化的基础，可以说其中蕴含了取之无尽的艺术宝藏。下面这首《虞美人·咏摩西》词取材于《旧约》所述摩西带领众犹太人离开埃及返回迦南的故事：

> 他乡奴役终年苦，犹太谁人主？
> 归途千险赖英雄，早在神明当日预言中。
>
> 茫茫红海飞惊浪，此景心头上；
> 春风吹过约旦河，耶路撒冷圣殿祷还歌。

《咏海涅》中"百合"的"合"字为入声，这里根据其现代普通话的第二声发音作为平声使用，"汉堡"和"巴黎"两个地名符合格律；《虞美人·咏摩西》中"约旦"的"旦"字、"耶路撒冷"的"撒冷"二字当平而仄，作为专有名词似应允许一定通融。

《梦幻》一诗的灵感来自《新约》中耶稣受难的题材：

> 隐隐苍凉赞美诗，教堂尖塔暮钟迟。
> 残霞天际鲜如血，还似耶稣受难时。

我从《旧约》所述上帝耶和华趁亚当熟睡之机取其肋骨造夏娃的情节中获得灵感，萌生了"梦里居然余肋骨，化兹俏丽眼中人"之诗联，结合伊甸园的故事，构思出了《原初》一诗：

> 凝情相注触前尘，厮守原初忆尚真；
> 顶礼耶和神帝相，流连伊甸果园春。
> 采他青翠宽柔叶，遮你白皙赤裸身……
> 梦里居然余肋骨，化兹俏丽眼中人！

二、外国文学

灵感的产生往往有两种来源：一种来自现实生活中的经历体验，还有一种来自其他文学作品的影响。

文学是一种继承性很强的艺术创作，任何诗人和作家都不可能完全不受到前人作品的影响。不过这不是抄袭，而是一种再创作。想一想从《诗经》《楚辞》至汉魏六朝诗再到唐诗、宋词、元曲的发展，其中有多少词句和意象都继承了前代。外国文学作品中相互影响的例子同样不胜枚举。中国自由诗的诞生与发展，就接受了外国诗歌的影响，如郭沫若之于惠特曼，冰心之于泰戈尔等等。

中国古典诗词由于自身积淀深厚，在世界上长期处于领先地位，基本上是在较少接受外国文学影响的情况下作了内部发展。目前，传统诗词的抒情方式及表现手法似已不能全面、切实地表现当代人的生活和思想感情，有必要注入新鲜的血液。

当下的诗词创作，还主要局限于把一些外国的新词语、新事物写入而已，尚未达到有意识地将接受外国文学影响作为一种方法论的程度。如果我们承认外国同样具有深厚文化传统和优秀文学作品，那么我们的"国粹"诗词，也绝不能采取"闭关锁国"政策，有必要向外国文学开放，吸收其养分。

外国诗歌是了解外国历史和文化风情的重要窗口。

> 冬天！……农夫兴高采烈地
> 乘着雪橇初试刚积雪的道路，
> 他的马儿一边嗅着雪，
> 一边欢快地跑着碎步。
> 全速前进的篷橇飞驰着，
> 把一片松软的积雪犁开
> 车夫坐在雪橇的驭座上，
> 穿着皮袄，扎着红腰带。
> ……

（《叶普盖尼·奥涅金》冯春译）

普希金的这段诗歌生动地描绘了俄罗斯特有的冬季风情。出于对之憧憬，我创作了《读普希金》一诗：

> 蜗庐闲诵希金诗，盛夏汗流如雨时。
> 安得身乘雪橇马，奔驰旷野俄罗斯！

下面这首《巴比伦河边犹太人歌》取自《旧约》题材：公元前 6 世纪，耶路撒冷为迦勒底王国所陷，犹太人尽被掳至巴比伦。

> 黯然垂泪异邦河，国破伤心旧恨多。
> 清玉诗琴悬柳树，孤高只奏自由歌。

其转结二句直接来自拜伦的诗句：

> On the willow that harp is suspended,
> Oh Salem! its sound should be free.
> （*BY THE RIVER OF BABYLON WE SET DOWN AND WEPT*）

> 竖琴悬挂在柳树之上，
> 哦，撒冷！其歌声应得自由。①
> 　　　　　　（《我们坐在巴比伦的河边哭泣》）

而拜伦此诗又来自《旧约·诗篇》第 137 篇《以色列人被掳的哀歌》：

> 我们曾在巴比伦的河边坐下，
> 一追想锡安就哭了。
> 我们把琴挂在那里的柳树上，
> 因为在那里，掳掠我们的要我们唱歌；②

我一直从事日本"和歌"的研究。"和歌"是以日语"57577"音形式表现的日本传统诗歌，虽然在发展过程中受到了很多中国文学的影响，但其精神底蕴还是与中国传统诗词有别。明治维新以后"和歌"被称为"短歌"，由于注入了现代精神，呈现出一种绚烂多姿的世界。

> 君かへす朝の敷石さくさくと雪よ林檎の香のごとく降れ

第一编　现代诗词通论

　　　　清晨送你归去
　　　　石子路
　　　　沙沙作响，
　　　　雪花呦！
　　　　如苹果的芬芳般下吧！

　　这是日本近代杰出诗人北原白秋在一个飞雪的清晨送别情侣时所作。日文中"さくさく"之副词，既指踏雪而行的沙沙声，也能使人联想到咀嚼苹果时的清脆口感，苹果在西方文学中常作为性爱之象征。该作的下句"雪花呦！如苹果的芬芳般下吧！"真是奇拔，简直如同表演语言魔术一般。我以律句的形式将其表达为"为君愿乞纷飞雪，犹带芳馨苹果香"，作为一首七律的尾联。取其纯真浪漫，将诗题设定为《初恋》，在前文中进行铺陈，构成了以下诗作：

　　　　窈窕音容浅淡妆，柔情似水觉清凉。
　　　　触肤胸底敲金鼓，分手心头奏乐章。
　　　　滚滚江河双乳燕，茫茫天地一迷羊。
　　　　为君愿乞纷飞雪：犹带芳馨苹果香！

　　我从日本当代年轻短歌诗人横山未来子的

　　　いつまでも日日は続くと思ひゐて君に未完の言葉告げ来つ

　　　　我想
　　　　无论到何时
　　　　日子都将继续
　　　　于是来向你诉说
　　　　那未完的话语

之作得到启发，萌生了诗联"时光宇宙都无尽，爱意对君歌不完"。以之为抒情高潮构思了《爱意》一诗：

> 翘盼佳期眼欲穿，相思潮海涨漫漫。
> 临风倩影柔杨柳，着雨芳容艳牡丹。
> 一体兼萦真善美，双生共度乐哀欢。
> 时光宇宙都无尽，爱意对君歌不完！

其中第五句"一体兼萦真善美"，则来自莎士比亚十四行诗第105首中的：

> Fair, kind, and true, have often lived alone,
> Which three till now never kept seat in one.

> 美、善、真往往各茕居一方，
> 至今朝这三者终永聚一堂。

通过与外国诗歌相比较可知，中国古典诗词中的爱情作品多表现忧愁伤感的情调，缺少明亮色彩，蕴藉含蓄有余而热烈欢快不足。从外国诗歌中能够吸收具有现代精神气质的爱情表现。

三、外国歌曲

上节是我受到外国诗歌影响的诗例，下面再介绍从外国歌曲中获得灵感的情况。

一般而言，大众歌曲词同诗歌相比属于亚流文学，整体上有肤浅之一面。不过，其中也确实有一些佳作，本身就是一首平明优美的抒情诗，把握住了当代人的真实情感，拥有广泛的爱好者。我们对于大众流行歌曲不能一概嗤之以鼻，不妨从中获取参考，对现代诗词创新能起到积极作用。李白的《子夜吴歌》、刘禹锡的《竹枝词》都从民歌中吸收了丰富的养分。

日本当代有一位杰出的歌手佐田雅志（さだまさし），自己作词谱曲，创作了大量清新优美的抒情歌曲。我尤为喜爱其《歌紡ぎの小夜曲》（纺歌者之小夜曲）之作，通篇如下：

愛の歌をあのひとに　届けたい
疲れ果て 笑顔さえ　忘れたひとに
鳥のように飛べたなら　小夜曲
満月の窓辺から　あなたの夢に
　　言葉に出来ない　片思いを
　　ささやかな 歌にして　紡いでいます
どうかあなたの元気　明日の朝　生まれよう

恋の夢をあのひとに　伝えたい
傷ついた 数だけ　強くなれると
ギターのように　歌えたら 小夜曲
満月の窓辺まで　聴きに来てね
　　言葉にならない　片思いを
　　今日も又 歌にして　紡いでいます
いつかあなたの胸に　届けと　小夜曲

言葉に出来ない　この想いを
いつの日も　歌にして　紡いでいます
いつかあなたの胸で　眠れますように　小夜曲

我愿把爱的歌曲　献给那心上的人儿
献给那位疲倦得　忘却了笑容的人儿
要是小夜曲　能像小鸟那样飞翔
愿它从月圆的窗畔　飞入你的梦乡
　　将我这难以言表的单相思
　　编织成一首菲薄的歌曲
愿你在明天清晨　重新焕发起生机

我愿把爱情的梦想　传给那心上的人儿
告诉她经受创伤　越能变得坚强
要是小夜曲　能像吉他一般歌唱
请你来到月圆的窗前　为我聆听
　　将我这难以言表的单相思
　　今天又来编织成歌曲

第二章 向外国寻找灵感

愿这首小夜曲　能有一天传到你的胸房

将我这难以言表的思念
每天都来编织成歌曲
愿这首小夜曲　能有一天安睡在你的胸房

受到这首歌曲的启发，我创作了古体诗《抒情小夜曲》：

清辉窗下盈盈女，遥寄深情深几许！
柔如细柳醉东风，浓于芳草吸春雨。
欲将此意对伊传，奈何难吐为言语。
聊做孜孜一纺工，织我相思千万缕。
协奏融圆吉他声，合作清凉小夜曲。
愿此歌声达彼心，再蒙皓月弥天宇！

中间从第五句至第十句的部分，基本敷衍了歌词原意。"织我相思千万缕"的"思"字谐音"丝"，这一双关手法在六朝民歌中常见。与原文相比，同"纺工"一词的关联更为密切。

日本有位年轻女歌手宇多田光红极一时，年青一代无人不知。其代表歌曲 *Automatic*（自动的）中有以下副歌：

It's Automatic
側にいるだけで体中が熱くなってくる

这是自动的
只要你在我身边　我全身就感到发热

我觉得其富于激情，从中萌生了"瞬间何故胸潮沸？缘自伊人到近旁"之诗联。将场景设定为情侣约会，构思出了 *DATE*[③] 一诗：

跋涉相思路漫长，将迎幽会美辰光。
看钟疑惑千分过，搔首踟蹰四面张。
炽燥田原接甘雨，冰严林莽沐骄阳。

瞬间何故胸潮沸？缘自伊人到近旁。

四、结语

在阅读当下的诗词作品时，我不免生出其精神气质依旧偏于传统之慨，作品的文学底蕴似乎仅只是中国的古典文学。当然，作者绝非没有接触过外国文学，只是外国文学的养分并没有充分应用在他们的诗词创作中。

对于开拓现代诗词，将题材扩展到外国当代和过去的事物，并从外国文学中获得参考和启迪，无疑是行之有效的方法之一。这是我们受惠于时代之处，其内容肯定是古人的诗作中绝少出现的。

当代的诗词作者，在思想上应该承认所有国家都是地球大家庭的成员，外国同中国一样，也具有深厚的文化传统和丰富的文学素材。有必要了解外国的地理、历史和风土文化，阅读外国的文学作品。在创作时放开手脚，大胆地将这些外国的养分活用其中，以写出传统与现代、东方与西洋相结合的全新作品为目标而努力。

【注释】

① 本书所引用的外国诗歌及歌曲词若无说明，均系笔者自译。

② 引自《圣经——中英对照》（中国基督教协会，2001年和合本·新修订标准版，第985页）。

③ "date"为英文口语中"约会"之意。

第三章　简明格律规则
——现代诗词格律论

对于诗词在当代的发展与复兴，面向社会大众普及格律知识非常重要。

目前，诗词格律的入门书一般篇幅较长。为了适应当代人快节奏的阅读方式，有必要推出用以简明介绍格律规则的短文。不求将格律知识细致讲全，但求能够让初学者在较短时间内对格律之概要有所了解。

本章是我在这一方向的尝试：将上下两句构成的一组诗联作为格律诗韵律的完整单位，将二字构成的一个诗拍作为格律诗韵律的基本单位。从平仄诗拍交替排列构成抑扬顿挫的角度，来说明传统格律讲述中"二四六分明"及"粘对"等平仄规则，并分别举李白的七绝和杜甫的五律各一首为例，对格律诗的格律规则进行说明。

（1）诗词字音讲求平仄：平声舒缓从容，仄声紧凑急促。现代普通话中，第一、二声为平，第三、四声为仄；古音"平、上、去、入"四声中，前者为平，后三者为仄。古音中的平声大致相当于普通话的第一、二声；上声相当于第三声；去声相当于第四声；入声发音短促，在普通话中其音感消失，分别转入四种声调之中。

（2）格律诗格律规范，主要由五、七言的绝句和律诗构成。绝句一首四句，律诗一首八句。上下两句诗构成一组诗联。诗联中上句尾字为仄声，下句尾字为平声并押韵。第一句的尾字亦可用平声押韵。律诗中间两联对仗。

（3）格律诗的句中二字一拍，每个诗拍的平仄由其中的第二字决定，该字称为"节奏点"。平仄诗拍的搭配，构成抑扬顿挫。原则上，每个诗句内部、诗联的上下句之间以及诗联与诗联之间的诗拍平仄交替。

（4）诗句的结尾三字不能同平或同仄。诗句的尾字为平声时，五言句的第二字或七言句的第四字如果是平声，其前后之字应避免均为仄声。

（5）古体诗格律宽松，可以押仄韵、换韵；词之格律严谨，字数、押韵及平仄由各词牌具体规定。

第一编　现代诗词通论

〈示例〉

（注："○"表示平声，"●"表示仄声，"◎"表示平声押韵。添加底纹的为仄声拍，不加的为平声拍。）

表1　李白《早发白帝城》的格律

联＼句	上句			下句		
	句中诗拍		尾字	句中诗拍		尾字
首联	朝辞	白帝	彩云	间，	千里	江陵	二日	还。
尾联	两岸	猿声	啼不	住，	轻舟	已过	万重	山。

七言绝句，每句7字，共28字，二联。每联下句的尾字"还""山"和第一句的尾字"间"为平声押韵，第三句的尾字"住"为仄声不押韵。在古音中，"白""一""日""不"为入声字，属于仄声。首联上下句的句中诗拍平仄排列分别为"平—仄—平"和"仄—平—仄"，尾联上下句的句中诗拍平仄排列分别为"仄—平—仄"和"平—仄—平"。

表2　杜甫《春望》

联＼句	上句		下句	
	句中诗拍	尾字	句中诗拍	尾字
首联	国破　山河	在，	城春　草木	深。
颔联	感时　花溅	泪，	恨别　鸟惊	心。
颈联	烽火　连三	月，	家书　抵万	金。
尾联	白头　搔更	短，	浑欲　不胜	簪。

五言律诗，每句5字，共40字，四联。每联下句的尾字"深""心""金""簪"为平声押韵，上句的尾字"在""泪""月""短"为仄声不押韵。在古音中，"国""木""别""月""白""欲""不"为入声字，属于仄声；"胜"字属于平声。首联和颈联上下句的句中诗拍平仄排列分别为"仄—平"和"平—仄"，颔联和尾联上下句的句中诗拍平仄排列分别为"平—仄"和"仄—平"。

第四章　标点符号的标注
——古典诗词表现论

中国自 20 世纪初参照国际方式，导入了新式的标点符号。标点符号具有表示停顿、语气、词语性质及修辞等功能，今天广泛地运用在各类书面文字中。诗词作为一种书面文字，自然不能回避标点符号的问题。

中国的旧式标点符号"句读"不够体系化，使用范围有限。①诗词由于可以通过格律自行断句，对"句读"的依赖要小得多。这是诗词中的标点符号问题长期以来未能引起足够重视的一个很大原因。古书中诗词文字往往连排，不加标点。即使标注，也多是在文字旁边加一个笼统的小圈。主要是靠读者根据格律自行断句，颇为不便。

标点符号是诗词行文中的重要组成部分，其所起到的综合效果不容忽视。**现代人处理诗词中的标点符号问题主要涉及两方面：一是对古人的诗词作品，合理、规范地添加标点符号；二是在自己的诗词创作中，准确、灵活地应用标点符号。**

我们今天所见到的古典诗词中的标点符号，是现代的点校者添加上去的。②对于古人诗作，应当把添加标点符号视为确定文本不可或缺的一部分。自然，也会出现因点校者不同而标注不同标点符号的情况。

诗词中的标点符号，应基本符合现代标点符号的使用规范。③不过，也有个别基于诗词韵律的独特用法。陈迩冬先生所注《苏轼诗选》和《苏轼词选》④中出现的标点符号较为丰富。本章以这二册注释书为例，就古典诗词中的标点符号标注问题进行归纳，同时也指出书中值得商榷之处。

一、诗词正文中的标点符号

（一）逗号和句号

首先，就诗词正文中的标点符号进行论述。格律诗和绝大多数古体诗均由上下二句构成一组诗联。在陈述句的前提下，一般诗联上句（多为作品的奇数句）结尾标逗号，下句（多为作品的偶数句）结尾标句号，这一点在学界已取得共识。⑤其原因在于：诗联是诗句层面的完整韵律单位，其上句结尾之处是中顿语气，下句结尾之处才是语气的正式完结。诗联与诗联之间的停顿，明显长于诗联内部上下句之间的停顿。⑥

以下二例中，位于诗联下句结尾的逗号应标句号：

> 到处相逢是偶然，梦中相对各华颠，还来一醉西湖雨，不见跳珠十五年。
>
> （《与莫同年雨中饮湖上》，诗 232）⑦
>
> 青山在屋上，流水在屋下，中有五亩园，花竹秀而野。花香袭杖履，竹色侵杯斝，樽酒乐馀春，棋局消长夏。
>
> （《司马君实独乐园》，诗 129）

（二）问号

1. 用于特指问句

> 城东坡陇何所似？风吹海涛低复起。
>
> （《铁沟行赠乔太博》，诗 110）
>
> 江梅山杏为谁容？独笑依依临江水。
>
> （《和王晋卿送梅花次韵》，诗 232）
>
> 明月几时有？把酒问青天。
>
> （《水调歌头》，词 38）

有时诗句中虽然出现了"何""几"等疑问词，但全句并非疑问语气，这种情况并不使用问号。以下前二例不标问号正确，后二例的问号当分别标注逗号和句号：

> 不知诗中道何语，但觉两颊生微涡。
>
> （《百步洪二首》其二，诗 163）
>
> 孤村一犬吠，残月几人行。
>
> （《倦夜》，诗 276）
>
> 应问使君何处去？凭花说与春风知。
>
> （《留别释迦院牡丹呈赵倅》，诗 122）

道人绝粒对寒碧，为问鹤骨何缘肥?

（《寿星院寒碧轩》，诗 238）

2. 用于是非问句

元嘉旧事无人记，故垒摧颓今在不?

（《龟山》，诗 168）

岷峨家万里，投老得归无?

（《南康望湖亭》，诗 261）

不到谢公台，明月清风好在哉?

（《南乡子·席上劝李公择酒》，词 40）

3. 用于反问句

月岂知我病? 但见歌楼空。

（《中秋月三首》其一，诗 158）

吾今那复梦周公? 尚喜秋来过故官。

（《周公庙》，诗 33）

烈士家风安用此? 书生习气未能无。

（《次韵刘景文见寄》，诗 247）

有时反问句中并不出现"岂""那""安"等标志性反诘副词，其语气通过上下文判断。添加问号能够明示反问语气，便于读者把握句意，例如：

回峰乱嶂郁参差，云外高人世得知?

（《虔州八境图》其八，诗 138）

以下前二例为特指问句，后二例为反问句，均应当标注问号：

谁遣山鸡忽惊起, 半岩花雨落毵毵。

（《过岭》，诗 283）

何处飞来双白鹭, 如有意，慕娉婷。

（《江城子·湖上与张先同赋》，词 12）

桑下岂无三宿恋，尊前聊与一身归。

           （《别黄州》，诗 197）

明年我欲东南去，画舫何妨宿太湖。

        （《黄鲁直以诗馈双井茶，次韵为谢》，诗 221）

（三）叹号

1. 用于感叹句

嗟我二三子，狂饮亦荒哉！

          （《登常山绝顶广丽亭》，诗 119）

归去来兮！吾归何处？

            （《满庭芳》，词 76）

吾君所乏岂此物？致养口体何陋耶！

           （《荔支叹》，诗 266）

楚境横天下，怀王信弱王！

          （《荆州》其十，诗 8）

在诗句中没有出现感叹词"哉""兮"或情态副词"何""信"等标志性文字时，则根据具体内容、语气判断。感情强烈的诗句结尾宜标叹号。

谁使爱官轻去国？此身无计老渔樵！

         （《题宝鸡县斯飞阁》，诗 17）

今人不作古人事，今世有此古丈夫！

         （《喜刘景文至》，诗 250）

到如今修竹满山阴，空陈迹！

           （《满江红》，词 36）

2. 用于语气强烈的祈使句

单于若问君家世，莫道中朝第一人！

         （《送子由使契丹》，诗 233）

谁道人生无再少？门前流水尚能西。休将白发唱黄鸡！

（《浣溪沙》，词61）

语气舒缓的祈使句结尾则无须叹号。

宦游莫作无家客，举族长悬似细腰。
（《自昌化双溪馆下步寻溪源，至治平寺二首》其二，诗88）

3. 用于反问句

叹号的这一用法与问号相似，但反问的语气要强烈得多。

明朝酒醒还独来，雪落纷纷那忍触！
（《寓居定惠院之东，杂花满山，有海棠一株，土人不知贵也》，诗180）
吾州下邑生刘季，谁数区区张与李！

（《答范淳甫》，诗155）
便欲乘风，翻然归去，何用骑鹏翼！

（《念奴娇·中秋》，词67）

4. 用于称呼语、象声词之后

塔上一铃独自语："明日颠风当断渡。"
（《大风留金山两日》，诗169）
居士居士，莫忘小桥流水。

（《如梦令》，词90）

第一例中的"明日颠风当断渡"是模拟铃声的象声词，与第二例中语气强烈的祈使句"莫忘小桥流水"之后都应标注叹号。

吉祥寺中锦千堆，前年赏花真盛哉。

（《惜花》，诗112）
愿公作诗慰不遇，无使二子含愤泣幽宫。
（《欧阳少师令赋所蓄石屏》，诗45）

此灾何必深追咎，窃禄从来岂有因。
（《十二月二十八日,蒙恩责授检校水部员外郎黄州团练副使二首》其一,诗 175）

以上三例中的下句分别为感叹句、祈使句和反问句,均语气强烈,应标叹号。此外,第三例的上句为反问语气,结尾逗号当标问号。

（四）分号

分号用于隔开复句内部的并列分句。在诗词中,并列分句多为排比句或对仗句。

舒子在汶上,闭门相对清；郑子向河朔,孤舟连夜行；顿子虽咫尺,兀如在牢扃；赵子寄书来,《水调》有馀声。
（《中秋月三首》其三,诗 158）
前年家水东,回首夕阳丽；去年家水西,湿面春雨细。
（《迁居》,诗 269）
渐月华收练,晨霜耿耿；云山摘锦,朝露团团。
（《沁园春·赴密州,早行,马上寄子由》,词 27）

以下三例的标点符号有误：

去年相送,馀杭门外,飞雪似杨花。今年春尽,杨花似雪,犹不见还家。
（《少年游·润州作,代人寄远》,词 10）
平生好诗仍好画,书墙涴壁长遭骂；不嗔不骂喜有馀,世间谁复如君者！
（《郭祥正家,醉画竹石壁上。郭作诗为谢,且遗二古铜剑》,诗 203）
水光潋滟晴方好；山色空濛雨亦奇。
（《饮湖上初晴后雨》,诗 78）

第一例前后对比,中间的句号改标分号为宜；第二例并非并列分句,分号当标句号；第三例是诗联内部的上下句对仗,分号当用逗号。需要明确的是,分号是在分句内部已经出现逗号的前提下,为了明示句子的结构层次而标注。如果分句本身是一个单句,则分句之间使用逗号隔开即可,无须使用分号。

（五）顿号

顿号用于隔开句子内部的并列词语。

> 骓、駓、骊、骆、骊、骝、騵，白鱼、赤兔、骍、皇、翰，
>
> （《书韩干〈牧马图〉》，诗124）

此例上下句分别列举了马的种种毛色和名目，一一标注顿号精确。不过，下句结尾的逗号当标句号。

> 游人便作寻芳计，小桃杏、应已争先。
>
> （《一丛花·初春病起》，词71）
>
> 求田问舍笑豪英。自爱湖边沙路、免泥行。
>
> （《南歌子》，词53）

第一例中的"小桃杏、应已争先"在内容上是一个单句。由于是"三·四"结构的词中句式，"小桃杏"与"应已争先"之间存在短小停顿，用顿号来表示。

顿号在外形上与古代的"读点"相近。目前诗词界对于词句中的这种短小停顿，多标注顿号。⑧这一用法其实并不符合标点符号的使用规范：严格地说，顿号是用于隔开并列关系的词语。不过由于已被广泛使用，似可作为出于诗词韵律的特殊用法得到认可。

第二例"自爱湖边沙路"和"免泥行"之间的停顿情况与第一例相似。不过，"求田问舍笑豪英"之后的句号似应标注逗号。

（六）冒号

1. 提示动作所涉及的对象，多为所言、所思、所听、所见的内容

> 天明小儿更传呼：髯刘已到城南隅。
>
> （《喜刘景文至》，诗250）
>
> 细思物理坐叹息：人生安得如汝寿！
>
> （《石鼓歌》，诗26）
>
> 试上超然台上看：半壕春水一城花。
>
> （《望江南·超然台作》，词34）

2. 表示解释说明

人生到处知何似？应似飞鸿踏雪泥：泥上偶然留指爪，鸿飞那复计东西！

（《和子由〈渑池怀旧〉》，诗11）

渐入西南风景变：道旁修竹水潺潺。

（《石鼻城》，诗15）

回首向来萧瑟处，归去：也无风雨也无晴。

（《定风波》，词61）

以下三例的标点符号有误或存疑：

往日崎岖还记否：路长人困蹇驴嘶。

（《和子由〈渑池怀旧〉》，诗11）

南山之下，汧渭之间，相见开元天宝年：八坊分屯隘秦川，四十万匹如云烟，

（《书韩幹〈牧马图〉》，诗124）

长记平山堂上，欹枕江南烟雨，杳杳没孤鸿。

（《水调歌头·黄州快哉亭赠张偓佺》，词74）

第一例的下句虽然表示解释说明，但上句为疑问句，冒号应优先使用问号；第二、三例中的逗号可改用冒号，以强调解释说明的关系。此外，第二例中"四十万匹如云烟"之后的逗号当用句号。

3. 总括前面分述的内容

君不见潞州别驾眼如电，左手挂弓横捻箭；又不见雪中骑驴孟浩然，皱眉吟诗肩耸山：饥寒富贵两安在？空有遗像留人间。

（《赠写真何充秀才》，诗108）

结尾二句对于前述唐玄宗和孟浩然的形象作了总括性感叹。

4. 分项陈述前面总述的内容

船上看山如走马，倏忽过去数百群：前山槎牙忽变态，后岭杂沓如惊奔。

(《江上看山》，诗2)

活水还须活火烹，自临钓石取深清：大瓢贮月归春瓮，小杓分江入夜瓶。

(《汲江煎茶》，诗280)

春色三分：二分尘土，一分流水。

(《水龙吟·次韵章质夫杨花词》，词89)

（七）引号

1．对话语作直接引用

何人聚众称道人？遮道卖符色怒瞋："宜蚕使汝茧如瓮，宜畜使汝羊如麇。"

(《和子由踏青》，诗21)

佳人相问苦相猜："这回来不来？"

(《阮郎归》，词22)

2．对诗文、语句作直接引用

认得醉翁语："山色有无中"。

(《水调歌头·黄州快哉亭赠张偓佺》，词74)

皆云"皇帝巡四国，烹灭强暴救黔首"。

(《石鼓歌》，诗26)

第一例引用欧阳修的诗句，第二例引用石鼓上所刻之语。

3．强调词语具有特殊含义

毕竟"英雄"谁得似？脐脂自照不须灯。

(《郿坞》，诗16)

"英雄"是嘲骂董卓的反语。

4．引用专有名称

近者作堂名"醉墨"，如引美酒消百忧。

(《石苍舒醉墨堂》，诗37)

玉粉轻黄"千岁药",雪花浮动"万家春"。

（《浣溪沙》，词104）

"醉墨"是堂名，"千岁药"和"万家春"均为酒名。

（八）书名号

1. 表示书籍著作名

遥知读《易》东窗下，车马敲门都不膺。

（《九月二十日微雪，怀子由弟二首 其二》，诗18）

山中老宿依然在，案上《楞严》已不看。

（《赠惠山僧惠表》，诗170）

愿使君还赋谪仙诗，追黄鹤。

（《满江红·寄鄂州朱使君寿昌》，词55）

第三例中的"追黄鹤"意指追胜崔颢的《黄鹤楼》诗，"黄鹤"二字前后应加上书名号。

2. 表示诗文篇章名

忆昔周宣歌《鸿雁》，当时籀史变蝌蚪。

（《石鼓歌》，诗26）

且待渊明赋《归去》，共将诗酒趁流年。

（《寄黎眉州》，诗118）

3. 表示歌曲名

不辞瘦马冲残雪，来听佳人唱《踏莎》。

（《次韵杨褒早春》，诗46）

且尽一樽，收泪听《阳关》。

（《江城子·孤山竹阁送述古》，词17）

4. 表示图画名

何年顾陆丹青手，画作《朱陈嫁娶图》。
（《陈季常所蓄〈朱陈嫁娶图〉二首》其一，诗178）

该例中的上句为疑问句，结尾逗号当标问号。

（九）破折号

1. 表示解释说明

知君为我新作——窗户湿青红。
（《水调歌头·黄州快哉亭赠张偓佺》，词74）

2. 用以引出下文

缥缈红妆照浅溪。薄云疏雨不成泥。送君何处——古台西。
（《浣溪沙》，词49）
道人之居在何许？——宝云山前路盘纡。
（《腊日游孤山访惠勤惠思二僧》，诗49）
若到松江呼小渡，莫惊鸳鹭，四桥尽是——老子经行处。
（《青玉案·和贺方回韵送伯固归吴中》，词99）

　　破折号的使用似无绝对标准，主要取决于点校者判断是否需要强调解释说明的关系或引出下文。以上所举破折号使用例，除第二例"送君何处——古台西"是句子内部的一问一答，以标出为精确以外，将第一、四例的破折号改为逗号，第三例的破折号省略也未尝不可。

二、标题、序文中的标点符号

　　以下就诗词标题、序文中的标点符号略作论述：诗题一般力求简洁，多由一个词语、词组或短句构成，无须标点。当诗题文字较长时，其内部则需要按照散文的规范添加标点符号。以下诗题中分别使用了书名号、顿号和破折号，第三例的破折号标注逗号较为正常：

和子由《渑池怀旧》

（诗 11）

次韵答邦直、子由

（诗 127）

将之湖州——戏赠莘老

（诗 69）

通常诗词的标题用以点明时间、地点、事件，其结尾无须标点；而诗词的序文是交代写作背景、缘由等的独立文字，结尾需要标点，这一点二者有别。

寓居定惠院之东，杂花满山，有海棠一株，土人不知贵也

（诗 180）

李仲谋家有周昉画背面欠身内人，极精，戏作此诗。

（《续丽人行》，诗 142）

彭城夜宿燕子楼，梦盼盼，因作此词。

（《永遇乐》，词 50）

润州作，代人寄远。

（《少年游·润州作，代人寄远》，词 10）

以上第一例是诗题，结尾不用句号；第二、三例分别是诗序和词序，结尾标注句号；第四例是词题，结尾的句号多余。

当并列表示词作的词牌名与标题时，二者之间加间隔号"·"。对于含有正副标题的诗作亦可如此，例如《庐山二胜》（诗 200）之诗作由《开先漱玉亭》和《栖贤三峡桥》二首构成，前者的诗题全名即可表示为《庐山二胜·开先漱玉亭》。

三、结语

本章以苏轼诗词为例，就古典诗词中的标点符号标注问题做了归纳。总的来看，《苏轼诗选》和《苏轼词选》的注者陈迩冬先生怀有明确的标点符号意识，其所标注的标点符号丰富、细致，不过也存在一定的失误。

对于古典诗词作品，标注标点符号是点校文本的重要组成部分。这一问题有待引起学界的足够重视，建立统一、明确的标准，对诗作中的标点符号

进行全面规范。

【注释】

①参见岳方遂：《论旧式标点符号的流变》，《语言文字应用》2004 年第 4 期。

②唐超华认为给古籍添加标点是一种派生创作行为，古籍标点者对于标点后的作品表现形式享有著作权(《谈古籍标点的著作权》，《知识产权》2001 年第 5 期，第 45—46 页)。本书正文与注释中的旁点，均系笔者所加。

③关于标点符号的使用规范，本书主要参考中华人民共和国国家标准《标点符号用法》及《标点符号规范使用手册》(钱进编著，凤凰出版社，2005 年版)。

④《苏轼诗选》(人民文学出版社，1984 年第 2 版)；《苏轼词选》(人民文学出版社，1986 年第 2 版)。

⑤杜爱英《〈汤显祖诗文集〉韵文的标点问题》(《古籍整理研究学刊》2000 年第 1 期)、丁治民《从韵脚看〈全宋诗·绍昙〉诗标点的得失》(《温州师范学院学报》哲学社会科学版 2002 年第 5 期)、张令吾《〈全宋诗〉标点正误》(《湛江师范学院学报》2003 年第 5 期)、钱毅《〈全宋诗〉韵字、标点正误》(《中国韵文学刊》2005 年第 3 期) 等论文均阐述了诗作中奇数句之后应标逗号，偶数句韵字之后标句号或与之作用相当的标点符号。

⑥参见拙著《诗词创作原理》(陕西师范大学出版总社有限公司，2013 年版) 第一章"格律诗的结构"。

⑦本书所引诗句标点符号下加单线表示使用正确，加双线表示有误，加浪线表示存疑。本章对引用诗句在括号内标注出处，"诗"表示《苏轼诗选》，"词"表示《苏轼词选》，数字表示该句所在页码。诗句的文字排列再现原书形式，诗联之间连排不分行。

⑧例如唐圭璋所编《全宋词》在"凡例"中说明："是编正文使用标点以简明为主，叶韵处用句号，句用逗号，读用顿号。"(中华书局，1999 年新 1 版，第 5 页)

第五章　标点符号的应用

——现代诗词表现论

现代诗词与古典诗词不同：标点符号原则上由作者自行标注。作者本人对其诗作中标点符号的使用负全责，应当视标点符号为创作表现的一部分，给予与遣词造句同等程度的重视。

本章主要结合我的自作以及部分当代诗词作品，就现代诗词的标点符号应用问题进行归纳。

一、标点符号的基本应用

（一）逗号和句号

逗号和句号是诗词中运用最广的标点符号。如上章所述，在陈述句的前提下，一般诗联的上句结尾标逗号，下句结尾标句号，对此举例从略。

（二）问号

问号用于特指问句、是非问句和反问句结尾。以下三首分别为其诗例：

乡愁（其二）

天涯浪迹正思深，少小时光何处寻？
梦越千山飞故室，月华轻抚旧钢琴。①

朱镕基总理访日感赋

闻公潇洒访瀛洲，值此峥嵘世纪秋。
京洛可妆金菊色？江淮当稔翠粱畴。
力图万户黎民饱，一扫百年社稷忧。
海内炎黄齐蹈厉，男儿西北是神州！

留日感怀

域外方知鲁迅哀，百年学子复重来。
白圭甘愿还盟主，青史岂容成劫灰?
冬夜战场齐呐喊，春朝原野独徘徊。
今人欲法先师绩，亦是风骚磊落才。

有时诗句中虽然出现了"何""几"等疑问词，但并非疑问语气，这种情况不标注问号，例如：

致某君

心意炽然如烈火，不知贴切诉何言。
但将凝视君眸子，两股清泠亮澈泉。

北斗星

荒野暗中摸索行，荆棘坎坷几番经。
男儿意志终无改，仰望寒天北斗星。

问号的以下用法值得关注：

致屈原

高山仰止复攀追，文藻襟怀未远违。
诗绪早因华运发，梦魂常向郢都飞。
淹留幽渚寻芳草，奋起长鞭挽落晖。
知我沸腾鲜血里? 蕴藏有汝ＤＮＡ!

该作的第七句意为"你知道吗？在我沸腾的鲜血里……"，通过结尾标注问号可明示其疑问语气，避免读者误解。

近试上张水部

朱庆馀

洞房昨夜停红烛，待晓堂前拜舅姑。
妆罢低声问夫婿：画眉深浅入时无?

第一编　现代诗词通论

剑门道中遇微雨

陆游

衣上征尘杂酒痕，远游无处不消魂。
此身合是诗人未？细雨骑驴入剑门。

以上两首古诗中，"画眉深浅入时无"的"无"字和"此身合是诗人未"的"未"字，都是文言中的疑问词，相当于白话中的"吗"。古代由于没有问号，表达是非疑问句时大多需要借助这类词汇。

如《致屈原》一诗所示，对于诗词中的很多陈述句表达，只要在结尾标注问号，就能使其成为疑问句，相应诵读为疑问语调。这样，当我们要表达一个是非疑问句时，就有了新的选择：既可以像古诗那样借助"无""未"等疑问词；也可以不使用这类词汇，完全表达为陈述句的形式，只是在诗句结尾标注问号即可。

诗词文字高度简洁。如果能在正文中节省出这疑问词的一字空间，就可以在同样篇幅的诗句中表达更多的内容。

像这种形式上的陈述句而实际表达疑问语气的诗例，如上章所引苏轼《虔州八境图》（其八）所示，在古典诗词中并非完全没有。不过，古代由于没有问号，这类诗句毕竟总体较少。今天问号的存在，给我们的诗词创作带来了很大便利。

（三）叹号

叹号用于感叹句及语气强烈的祈使句，例如：

春鼓动

此身犹似罩灵光，天地纵横何伟昂！
极目远瞻攀险岳，放声高唤探重洋。
汽笛鸣响冰川舰，液焰喷燃火箭舱。
热血欲听春鼓动，请君贴近我心房！

玉楼春
星夜

大千万象多真切！携手枫林湖畔夜。
汇融烁烁亮眸光，倾注盈盈微笑靥。

众星轮唱时明灭，一道上弦清奏月。
凭心你我共聆听：宇宙无声交响乐。

　　　　致杜甫
杜公请与我相随！瞠目当惊时代非。
元曲宋词能后继，秦山楚水可横飞。
昔曾圣土伤离碎，今已全球喜合围。
携手流连因特网，再斟一道热咖啡。

　　在没有"何""多"等感叹语气之标志性文字出现的情况下，一个诗句是否作为感叹句在结尾标注叹号，往往具有一定的自由度，主要取决于作者的自身判断，似无绝对标准。对于气势高昂、感情强烈的诗句结尾标注叹号，能起到突出强调的作用，抒情效果胜于一般的句号，例如：

　　　　自题
俯瞰海天晨，云霞万象新。
山河行旅客，时代弄潮人。
赤胆怀中国，丹心献女神。
誓将胸火热，高亢颂青春！

（四）分号

　　分号用于隔开复句内部的并列分句。如上章所述，分号是在分句内部已经出现逗号的前提下，为了明示句子的结构层次而标注。如果分句本身是一个单句，则分句之间使用逗号隔开即可。因此，**律诗中对仗诗联的上下句之间不使用分号**。

　　　　沁园春
　　　　扶桑
带水扶桑，缥缈蓬莱，屹立海东。
有孙文革命，驱除鞑虏；岚山风雨，报国周公；
沫若高歌，鲁师提笔，多少精英来此中！

余今日，与这般先辈，情境犹同。

平生钦佩豪雄，不枉到人间做虎龙。
视弹丸寰宇，孰兴孰盛？神州大地，何去何从？
发奋图强，十年面壁，砥砺成才济世穷。
男子汉，要名垂青史，身建奇功！

这首词在上阕中以排比句罗列了孙中山、周恩来、郭沫若、鲁迅等赴日先辈的业绩，使用了分号。

（五）顿号

顿号用于隔开句子内部的并列词语以及表示词句中的短小停顿。

观影片《导盲犬小Q》
命注传奇自幼胎，人间倍哺"爱"、关怀。
扶牵暗路情堪颂，摸索迷途事可哀。
默默紧随勤勉质，依依终守驯良才。
神州我亦导盲犬，要引黎民到未来！

贺新郎
癸未建军节访魏新河于西安飞行学院，别后遥寄，兼补和魏兄生辰词。
同饮杯中酒。
会长安、干城才俊，赋坛魁首。
吟啸九重天际上，今古谁人能够？
环望处：粲然星斗。
尽把一腔英迈气，化鲲鹏烈向云中吼。
雷电动，阃阖抖。

对君肝胆来相剖：
看尘寰、诸公碌碌，噪喧鸡狗。
富贵功名都暂热，只有诗章不朽。
叹今朝、斯文消瘦。
饱览群书挥健笔，竭吾生共把风骚守！
名记取，千年后。

第五章　标点符号的应用

以上第一首所取材的影片据实事改编，讲述小狗"Quill"降生后受到细心喂养并成长为优秀导盲犬的故事，第二句中并列了"爱"和"关怀"两个表示情感的名词，之间标注顿号；第二首根据《贺新郎》词牌的断句标注了顿号。

（六）冒号

冒号主要用于提示动作所涉及的对象，多为所言、所思、所听、所见的内容。由于冒号在提示性话语与所提示内容之间带来一个停顿，若将其置于诗句内部会影响畅读。因此，冒号一般标注于句尾位置，使其所带来的停顿与诗句之间的停顿相一致。

美利坚憧憬
MISSISSIPPI RIVER

奏我恢宏王者歌，寰球放眼烈拼搏。
要真毛主席雄志：击浪密西西比河！

雨夜

闲街踱步散孤襟，淅沥但闻寒雨音。
此刻最为期愿事：一朋能访略谈心。

游东京迪斯尼乐园组诗
观午间游行行列

万千彩泡舞缤纷，朗朗开言圣女神。
"闭目请君心默祷：将来终会梦成真！"

以上三首诗作的第三句结尾一般容易使用逗号，以标注冒号精确。

（七）引号

引号主要用于对话语、诗文、专有名称的直接引用。此外，强调词语具有特殊含义时亦可使用。

重逢

却在溪桥又偶逢，经年惆怅渺芳踪。
依然笑靥春朝媚，未有胭脂少日浓。

已断妄缘肠九转，难抛痴恋忆千重。
问言"婚后都如意？"黯黯低头透倦容。

乘机还家
稳坐轻盈航太苍，遥观窗外一茫茫。
倒悬碧海三千顷，平泻银涛九万方。
衣带江河浮日彩，星棋街市染霞光。
"波音"伟岸为青鸟，载我须臾到故乡。

夜至箱根逢雪
"温暖"丝丝惬意凉，枝头屋上裹银妆。
路光幻映纷飞雪，疑是北欧童话乡。

第三首诗作的第一句表现对飞雪带来的丝丝凉意，感到一种心理上的温暖，将"温暖"一词加引号以示其含义特殊。

(八) 书名号

书名号用以标明书籍著作、诗文篇章等名称。

童年忆趣
幼日追寻总是诗，暮春麻疹卧床时。
温馨丈室娘怀里，静听《斯巴达克斯》。

读经
一点长灯慰夜寒，无人问讯客身单。
《金刚般若波罗蜜》，展卷浑当情侣看。

咏白居易
最解青年白乐天，皇都街市苦缠绵。
意随鸿雁遥南去，影伴孤灯暗自怜。
聚散同观结心月，清贫不吝买书钱。
非君敢问谁能赋？千古流芳《长恨》篇。

（九）省略号

省略号表示行文有所省略，用在诗句之间可起到转换话题的作用，用在作品结尾可以增强意犹未尽的效果。诗词中使用省略号有一定的灵活性。

虞美人
记某君所述其父当年婚恋事

牵君一世柴盐累，自省多羞愧。
无财无势更无权，唯有此心依旧似当年。

弯弯新月翩翩柳，共誓终相守……
默然品我一支烟，沉浸唠叨声里伺厨边。

Love Song 抒情叙事诗（其七）

故作若无其事容，分明珍重此相逢。
娟娟背影深情望，直到消失人海中……

第一首词下阕的前两句追忆当年恋爱时柳前月下相盟誓的场景，通过省略号增强回忆之余韵，并将场景切换回到婚后家中的"现在"时刻；第二首诗表现与情侣分别时的眷恋之情，结尾标注省略号所带来的余韵效果明显胜于句号，并且在视觉上模拟了行进中的人群。

二、标点符号的综合应用

规范、体系化的现代标点符号是时代给予我们的巨大便利，将其应用在诗词之中，除了具有明示断句、语气和文意的基本功能以外，还能起到辅助抒情的综合作用。

蝶恋花
童年忆旧

似水韶光真梦幻?！孤馆天涯，瞑坐听舒曼。
恍忆古城幽静院，南风吹过槐花满。

游闹忘情随伙伴，天际夕阳，清脆娘呼唤……
何日重端乡里饭？泪流滚烫珍珠乱。

这首词的第一句结尾将问号和叹号并用,以增强对于童年韶光似梦的感叹。

金缕曲
记情

良夜频回首:
共小乔、流连花市,月明垂柳。
对坐包厢容浅唱:"爱你今生没够!"
一曲曲、心扉轻叩。
暗挑百年连理愿,顿赢得玉靥羞红透。
烛光影、葡萄酒……

天涯一去魂销久。
历番番、风霜雨雪,此心依旧。
试向穹苍求一卜,黯黯摩挲红豆。
"天告我:重逢时候!"
——万感萦怀难为语,但深情握住伊的手。
永无别,终相守!

这首词首句"良夜频回首"之后的冒号,用以提示从第二句至上阕结束所描写的对于旧日欢会之追忆。"对坐包厢容浅唱"之后的冒号提示唱词。"爱你今生没够"之后用叹号以示语气强烈,前后加引号表示直接引用。"烛光影"与"葡萄酒"均为包厢内的陈设描写,之间用顿号表示并列关系。上阕结尾之处,用省略号表示情节叙述有所省略,同时将场景切换至下阕的别后相思。

下阕中的"天告我:重逢时候"为向上苍之祈祷,中间用冒号提示祈祷内容,结尾用叹号以示语气强烈,前后加引号表示直接引用。从"万感萦怀难为语"至结束为想象中重逢时刻的情景,之前使用破折号,表示整体构成对于"重逢时候"的解释说明。末句"永无别,终相守"表白强烈的愿望,以叹号收尾。

彩虹
一任淋漓昂挺胸，踏经泥泞路千重。
追寻瑰丽暴风雨——过后天边那彩虹。

  我在这首诗中对格律诗的句式进行了创新：第三句的动词"追寻"之后接了一个较长的宾语从句"暴风雨过后天边那彩虹"，横跨第三句和第四句。"瑰丽"一词所修饰的词语为第四句结尾的"彩虹"。如果第三句结尾标注一般的逗号，则句意在此处断开，容易让人误解为"追寻"的对象及"瑰丽"一词所修饰的词语是第三句结尾的"暴风雨"。经过权衡，我在此使用了连接号"——"，以强调三、四句之间内容上的连贯。这种特殊句式中的标点符号问题，有待进一步研究。

三、当代诗词中的标点符号问题

  当代诗词中标点符号应用的问题，主要集中在应标问号之处而未标。

还乡有作
叶嘉莹
构厦多材岂待论，谁知散木有乡根。
书生报国成何计，难忘诗骚屈杜魂。[②]

读《路边吟草》赠熊鉴
朱帆
短叹长吟未肯休，先生依旧气如牛。
不知纸上千行泪，能洗人间几点愁！
已卧松云归岭海，还论风水说潭州。
阿谁得似熊夫子，万首诗轻一颗头。

秋兴
徐晋如
梧桐叶落石苔寒，蟋蟀鸣堂旅鬓残。
理想如今被花笑，河山似此遣谁看。
硕人依涧终无斁，众庶罔知尽达观。
天命岂真穷大道，操琴一曲奏猗兰。

以上三首诗中,下加双线的标点均应标注问号。第二首诗的颔联"不知纸上千行泪,能洗人间几点愁"为流水对,虽然出现了"几"字,但整体并非疑问语气,其结尾不标问号正确,作者使用了叹号以示感情强烈。

水调歌头
梦谭嗣同

王巨农

夜梦谭公子,邀上壮飞楼。
三巡酒过之后,按剑说前仇:
记得莞香集处,忍任强梁割据,龙帜黯然收。
谁挽天河水,洗我百年羞?

怅鱼龙,睡未醒,掷吾头!
水云四海翻卷,热血汇洪流。
已见星旗照眼,又见荆花吐艳,妙手补金瓯。
一曲《回天》颂,万里紫烟浮。

这首词中出现了冒号、问号、叹号及书名号,可见作者亦怀有明确的标点符号意识。

秋过南京

王玉祥

秣陵屡作梦中游,此日真真到石头。
紫气漫寻千载树,金风才染六朝楼。
堂前燕雀非王谢,水上烟霞是莫愁?
曾照饥魂梁武帝,台城怕见月如钩。

这首诗的第六句结尾标注问号重要。说明该句为是非疑问句,意指"那水上的烟霞难道是莫愁吗?"是一种朦胧不定的口吻,而不是明确的判断句"那水上的烟霞就是莫愁"。作者之本意,完全依赖于这个问号来体现。标成一般的句号,会造成读者误解。

与问号的使用较为严格相比,叹号则相对自由。

乡思

老舍

茫茫何处话桑麻？破碎山河破碎家。
一代文章千古事，余年心愿半庭花。
西风碧海珊瑚冷，北岳霜天羚角斜。
无限乡思秋日晚，夕阳白发待归鸦！

红豆

钟振振

海外捐红豆，镶钟十二时。
心针巡日夜，无刻不相思！

  以上两首诗的作者均于末句结尾标注了叹号，以突出强烈的感情色彩。该处使用句号也未尝不可，与叹号相比是一种宁静、含蓄的风格。

  标点符号的问题，给我们带来不小的启示：**古典诗词的表现是纯文字的，现代诗词的表现是文字加符号。在表现的丰富性上，显然现代诗词胜过古典诗词。**

  当前，有些出版物对现代诗词作品依旧采用不加标点、繁体竖排的形式，主要是出于一种"复古"心态，追求古雅，以示高深。

  中国历史上长期以来，"句读"一直没有得到应有的重视，未能形成一个统一的规范体系，正是与这种心态的存在有关。③ 繁体竖排是文字的书写及排列形式的问题，与作品的实质内容无关；而标点符号则直接参与作品的抒情。故意不加标点符号，既给读者造成阅读上的极大不便，也把时代给予我们灵活表现的恩惠拒之门外。

  繁体竖排本身并不影响标点符号的添加。只是个别标点的外形有所变化，例如双引号表示为"╗╔"等。此外，古籍中一般标注在人名、地名、朝代名等专有名词之下的专名号"＿＿＿"以及著作名称之下的浪线式书名号"﹏﹏"，在现代的书籍文章里已不常见，当代诗词中亦无须使用。

  当然，使用标点符号也有稍觉不理想之处：引号、省略号、书名号、破折号等标点前后所占空间超过一个字符，添加在诗词的行文之中会造成诗句长短不一，在视觉上影响诗作首位对齐的整饬外观。此类标点在诗作中毕竟使用有限，这一不足与标点符号整体所带来的综合益处相比明显是次要的。

四、结语

总之，对现代人来说，标点符号是诗词行文中不可或缺的组成部分，能够起到明示诗词的断句、语气、文意及辅助抒情的综合作用。无论是研究还是创作，都要引起足够重视——作为古典诗词的点校者，应对作品合理、规范地添加标点符号；作为现代诗词的创作者，应在自作中准确、灵活地应用标点符号。④

以古人的诗作不使用标点符号为由，认为诗词没有必要考虑标点符号问题，是武断和荒谬的。

【注释】

①本章第一、二节所举作品若无说明，均系笔者自作。

②本节所举七首当代诗词作品，依次分别引自张结主编《中华诗词十年作品选》（中国文史出版社，2004年版）的第49、61、265、17、19、56、228页。

③参见岳方遂：《论旧式标点符号的流变》，《语言文字应用》2004年第4期，第138页。

④本书除论述标点符号问题的第一编第四、五章之外，对于引用古今诗作中的标点符号，个别作了适当修改。

第二编

现代诗词各论

著者于西安参加全国中华诗词研讨会

第一章　强力意志

——论毛泽东诗词本质

有一个问题时常萦绕在我心头：中国千百年来漫长的文学史中，诗人灿若群星，然而真正称得上是"大诗人"的，只有屈原、曹操、陶渊明、李白、杜甫、苏轼、陆游、辛弃疾等寥寥几位；像宋玉、曹植、谢灵运、杜牧、李商隐、周邦彦、姜夔这些人，固然也有出色的才情和文辞技巧，然而与前者相比总感觉他们差些什么，在我心目中只能算作二流诗人。这一差别究竟何在呢？

按照一般分类，苏轼、辛弃疾往往作为"豪放派"的代表，而周邦彦、姜夔则属于"婉约派"。难道是"豪放"胜于"婉约"吗？不是，二者各具不同风格，在艺术价值上当无高下之别。

这一问题自然关系到多方面因素。尽管如此，我仍欲尝试对此做出自己的解答：**大诗人都是人生的强者，在精神上具有坚强的力量和意志。**

那屈原"路漫漫其修远兮，吾将上下而求索"的执着进取，曹操"老骥伏枥，志在千里"的自强不息，陶渊明"守拙归田园"的朴实担荷，李白"长风破浪会有时，直挂云帆济沧海"的乐观自信，苏轼"竹杖芒鞋轻胜马，谁怕！一蓑烟雨任平生"的旷达潇洒……这些大诗人或为将相文臣，或为官吏农民，或为流浪汉，他们都是积极热烈地面对人生。其作品内容绝不局限于狭隘的儿女情长、风花雪月，而是整个生活、社会和宇宙，我们能从中感受到热血的沸腾与意志的燃烧。在精神上他们都是"战士"，不是"雅士"。生活的困苦、社会的黑暗压不倒他们。他们所共同拥有的这些特点一言以蔽之，即，**强力意志**。

我将"强力意志"视作大诗人的必要条件。要成为大诗人，还与其他综合条件有关，并非仅有强力意志即可，但是没有强力意志又万万不行，这就是它们之间的辩证关系。莎士比亚、拜伦、歌德、雨果、惠特曼这些外国的大诗人也无一不具有强力意志。悲观消极、萎靡颓废的人充其量只能成为二流诗人。

简而言之，大诗人"力""韵"兼备，二流诗人有"韵"而无"力"——这就是大诗人之所以为大诗人，其高于二流诗人之所在。

中国近代以来的百年诗词史中，最具大诗人气质者当推毛泽东。毛泽东诗词之本质，我认为正是在于强力意志。而且就其鲜烈度而言，可以说超越了古人。

大诗人的人生与文学从来就是统一的，其生活经历本身就是诗，诗作也正是其人格的真实表现。**强力意志是内在的、先天的，是命中注定成为大诗人者所秉承的天赋，在其人生道路和诗作中逐步显现。**

沁园春
长沙
毛泽东

独立寒秋，湘江北去，橘子洲头。
看万山红遍，层林尽染；漫江碧透，百舸争流；
鹰击长空，鱼翔浅底，万类霜天竞自由！
怅寥廓，问苍茫大地：谁主沉浮？

携来百侣曾游，忆往昔峥嵘岁月稠：
恰同学少年，风华正茂；书生意气，挥斥方遒；
指点江山，激扬文字，粪土当年万户侯。
曾记否？到中流击水，浪遏飞舟！

毛泽东的强力意志从青年时代起就已露端倪，驱动并贯穿其一生。中流击水、浪遏飞舟，在时代的激流中奋勇地搏击前行，这就是毛泽东强力意志的典型意象——"自信人生二百年，会当击水三千里"！

强力意志作用于毛泽东的人生，既有坚忍不拔、义无反顾地投身革命斗争，直至统一江山、创建新中国的壮举，也有一意孤行，发动"大跃进""文化大革命"，给国家民族带来空前浩劫的恶果。千秋功罪，犹待评说。强力意志作用于毛泽东的文学，则为后人留下了一大批个性鲜明的激昂诗作，其具体表现如下。

首先是乐观积极，勇往直前。

在"烟雨莽苍苍，龟蛇锁大江"（《菩萨蛮·黄鹤楼》）的阴暗中国，不但没有消沉，反而"把酒酹滔滔，心潮逐浪高"的正是毛泽东——"红军不怕远征难，万水千山只等闲"（《长征》），"敌军围困万千重，我自岿然不动"

（《西江月·井冈山》），"已是悬崖百丈冰，犹有花枝俏"（《卜算子·咏梅》），"为有牺牲多壮志，敢教日月换新天"（《到韶山》），"世上无难事，只要肯登攀"（《水调歌头·重上井冈山》），"俱往矣，数风流人物，还看今朝"（《沁园春·雪》）！

豪迈的浪漫主义精神与之互为表里——"雄关漫道真如铁，而今迈步从头越"（《忆秦娥·娄山关》），"不到长城非好汉，屈指行程二万"（《清平乐·六盘山》），"不管风吹浪打，胜似闲庭信步"（《水调歌头·游泳》），"一万年太久，只争朝夕"（《满江红·和郭沫若同志》），"丈夫何事足萦怀，要将宇宙看稊米"（《送纵宇一郎东行》）！

毛泽东的强力意志还特别表现为一种勇敢的大无畏精神。

减字木兰花
广昌路上
毛泽东

漫天皆白，雪里行军情更迫。
头上高山，风卷红旗过大关。

此行何去？赣江风雪迷漫处。
命令昨颁，十万工农下吉安。

请比较同样是风雪行军题材的曹操诗作：

苦寒行
曹操

北上太行山，艰哉何巍巍！
羊肠坂诘屈，车轮为之摧。
树木何萧瑟！北风声正悲。
熊罴对我蹲，虎豹夹路啼。
溪谷少人民，雪落何霏霏！
延颈长叹息，远行多所怀。
我心何怫郁！思欲一东归。
水深桥梁绝，中路正徘徊。
迷惑失故路，薄暮无宿栖。

> 行行日已远,人马同时饥。
> 担囊行取薪,斧冰持作糜。
> 悲彼《东山》诗,悠悠使我哀。

《苦寒行》是沉痛悲哀的,是迷惑徘徊的。毛泽东绝了!他的《广昌路上》断无丝毫叹息与伤感。暴风雪严寒反而促使激情更加迫切,意志愈发炽烈。"头上高山,风卷红旗过大关",语调中自有一种凛然豪气在。《减字木兰花》词牌的快节奏与流动感,生动再现了急行军坚定迅勇的步伐。眼前是广昌路上的漫天风雪,明日是吉安恶战的枪林弹雨。没有一丝胆怯,没有一丝忧虑,这就是毛泽东!钢铁般的神经,钢铁般的意志!

具有强力意志的诗人是一位勇猛战士,与怪异展开着搏斗——"六月天兵征腐恶,万丈长缨要把鲲鹏缚"(《蝶恋花·从汀州向长沙》),"今日长缨在手,何时缚住苍龙"(《清平乐·六盘山》),"独有英雄驱虎豹,更无豪杰怕熊罴"(《冬云》),"金猴奋起千钧棒,玉宇澄清万里埃"(《和郭沫若同志》)!

毛泽东的强力意志锐利无比,是"刺破青天锷未残"(《十六字令》)的耸立山峰,是裁昆仑为三截的倚天宝剑。强力意志气势恢宏、波澜壮阔,是驰舞北国、"欲与天公试比高"(《沁园春·雪》)的飘飘大雪;强力意志风驰电掣、纵横寰宇,是搏击长空、秋日"霜天竞自由"(《沁园春·长沙》)的桀骜苍鹰——"可上九天揽月,可下五洋捉鳖"(《水调歌头·重上井冈山》),"四海翻腾云水怒,五洲震荡风雷激"(《满江红·和郭沫若同志》),"《国际》悲歌歌一曲,狂飙为我从天落"(《蝶恋花·从汀州向长沙》)!

在"汽笛一声肠已断,从此天涯孤旅"(《贺新郎·别友》)的挥手时刻,竟能喷薄出"要似昆仑崩绝壁,又恰像台风扫寰宇"这样的词句,真不愧为毛泽东!爱情诗也写得锋利如此。别离的痛苦啊,你缠不住我,你压不垮我!我要用昆仑绝壁把你埋葬,我要用台风把你一扫而光!

积极、豪迈、勇敢、锐利,毛泽东诗词的这几个明显表现,与贯穿其人生的精神气质本源为一,即,**强力意志**。

如果将毛泽东诗词的种种特色,仅仅归于他是所谓"无产阶级的伟大领袖",不过是将现象与现象作结,并未深入其本质。强力意志的有无与坚度,是评价一个诗人高下的重要标准。文学史中"大诗人"的煌煌桂冠,永远等待着真正精神上的铁血男儿来戴取。

第二章　对精品的呼唤

——评萧瑶"果成熟后"诗

我从《中华诗词》1999年第4期所刊《近访熊东遨》一文中，首次接触到了萧瑶的"果成熟后花都谢，情到浓时语可删"之诗联。该联作为受访者所特别欣赏的年轻一代之佳作被引用。

这一诗联确实精彩！上句的形象比喻与下句的升华说理浑然一体，感情真挚，意境优美，足见作者的诗人资质。我一读即被深深打动，将其镌刻在心中，数年来不知默诵了多少遍。不过，在默诵的过程中，不知不觉将其演化成了"果成熟日花都谢，情到浓时句可删"，而且一直错觉为原诗即是如此。我很想了解作者的详情以及全诗的通篇文字，看看这一诗联是如何安排布局的。

现在终于知晓了！作者萧瑶，1964年生，是当代颇具实力的青年诗词家。熊东遨、晏西征合著《我选百家诗词漫评》（银河出版社，2002年版）一书中，作为萧瑶的代表作收录了此诗，全文如下：

最难
萧瑶

最难参破是情关，多少英雄血泪斑。
乍见危峰光秃秃，细听幽谷水潺潺。
果成熟后花都谢，情到浓时语可删。
但愿两心相默契，携卿重返九龙山。

这时我才注意到：原作为"果成熟后花都谢，情到浓时语可删"。我的"果成熟日花都谢，情到浓时句可删"之修改案似优于原作。上句中的"后"字改用"日"字，本身即含有包含了"后"字之意，而且与下句的"时"字对仗较为工整（参照白居易《长恨歌》中的"春风桃李花开日，秋雨梧桐叶落时"之句）。结尾的"删"字，一般指删除经过书写或打印之后的视觉化文字。原作下句中的"语"字，既指视觉上的"词语"，也包括听觉上的

"话语"，后者与"删"字的搭配略显不合。将"语"字改为"句"字，则与"删"字结合紧密，视觉形象鲜明。另外，在语音上"语"和"可"字均为普通话第三声，连续诵读时，位于前面位置的"语"字变调成为第二声，多少会影响听者对其内涵的联想；而"句"字为声调急遽下降的普通话第四声，诵读时与"可"字之间容易产生一个短暂停顿，其语音能给听者留下较强的震撼，与下句整体的坚定语气更加相符。

《我选百家诗词漫评》书中，附有熊东遨先生对此诗的评语：

> "果成熟后花都谢，情到浓时语可删"，寓理极深。此句之义，已超出本篇之外。试看世上之人，凡好炫耀者，有几人能结出真"果"来？别的且不论，只看时下那些令人眼缭乱的各类"名家"、"大师"、"巨匠"头衔，皆可用钞票买来装点门面，便知我言不诬。（第234页）

这一评语主要针对的是"果成熟后"之上句，从其社会寓意作了阐发。该句当然充分具有这方面的余地，不过，我宁愿将其只作为一个纯粹的爱情比喻来理解，不附加任何讽喻性解释。

坦率地讲，我对《最难》全诗颇感失望。

"果成熟后花都谢，情到浓时语可删"之诗联被安排为一首七律的颈联，遗憾的是前后文十分粗糙："多少英雄血泪斑"和"果成熟后"诗联所表达的情感相称吗？"光秃秃"这样直白的词语居然也用到了诗中，显然只是为了和含有韵字的"水潺潺"三字凑成对仗而已。

诗作结尾的"九龙山"不知位于何处，也许与特定的历史典故或文化背景相关。后来，我在萧瑶的简历上看到其为"浙江九龙山人"的介绍时才恍然大悟：原来是作者本人的家乡所在。

评价一首诗作中的词语使用得是否得当，归根结底，应在作品的内部论之。看该词的语义、语感以及与前后文的配合效果等等，作者在现实生活中的具体情况如何是次要的。此诗前文中的"危峰光秃秃""幽谷水潺潺"等表达是对很多地方都可通用的泛泛描写，缺乏与浙江"九龙山"之间的紧密配合。这样，诗作结尾出现"九龙山"便显得过于突兀，该作的寓意抒情并没有非"九龙山"不可的必然性。

专有地名用在诗中，不应仅只作为一个地域的称谓，其综合语感及文化背景最好能起到与作品之整体抒情相配合的效果。

夜雨寄北

李商隐

君问归期未有期，巴山夜雨涨秋池。
何当共剪西窗烛？却话巴山夜雨时。

　　李商隐的《夜雨寄北》诗中重复出现了"巴山"一词，绝非"金陵""扬州"之类。盖"巴山"之地名本身即具有"偏僻""孤寂"的氛围，适于表现夫妻别离时的相思相忆之情。而"九龙山"这一地名对一般读者来说，缺乏可以引起共鸣的文化背景。

　　此外，《最难》之诗题也缺乏美感。取一首诗作的起首二字为题，固然是自《诗经》以来的一种简便现成的传统方法，亦有必要考虑这二字的内涵如何，有无对全诗的综合概括力等等，例如：

锦瑟

李商隐

锦瑟无端五十弦，一弦一柱思华年。
庄生晓梦迷蝴蝶，望帝春心托杜鹃。
沧海月明珠有泪，蓝田日暖玉生烟。
此情可待成追忆，只是当时已惘然。

　　李商隐的《锦瑟》之诗题意象优美，贯穿全诗。
　　《最难》一诗在整体上缺乏内在的统一，不够紧凑生动。精彩的"果成熟后"诗联之前后文欠佳，致使该联未能发挥出应有的效果。不难想见，作者很有可能是在事先构思出这一诗联后，选择了七律体裁，从平水韵的上平声"十五删"韵中挑出了"关""斑""潺""山"诸字作为韵字而敷衍成篇的。
　　作诗时，各个诗句构思的先后顺序是自由的。重要的是：**当一首作品完成时，全篇从头至尾读起来应当显得自然，整体具有内在的统一，就好像作者是完全按照从头至尾的顺序，一气呵成地构思出来一样**。有了精彩佳句，其前后文亦当避免平庸，要"称"得起佳句，成为使佳句熠熠生辉的紧密辅助。尽量让读者感觉不到拼接的痕迹，使佳句显得水到渠成，如自然涌出一般。

对于"果成熟后"诗联的应用，我的见解如下：

（1）此联余韵缠绵、回味无穷，似宜作为一首诗作之结尾。用于结构严密的七律之中间部分，会多少削弱其余韵；相对而言绝句篇幅简短，宜于发挥其意犹未尽的效果。因此，尽管此联本身对仗工整，不如将其作为一首七绝的转结句。

（2）此联用字浅显，寓意深长。其所表达的情感颇具普遍性，能得到万人共鸣。因此，前文的场景铺垫似应简明，避免特定地点、人物等信息过于具体。

以下是我借用此联的试作：

赠内

金中

寄我相思一短函，慰君容色怨阑珊。
果成熟日花都谢，情到浓时句可删。

将"果成熟后花都谢，情到浓时语可删"修正为"果成熟日花都谢，情到浓时句可删"。以新韵为标准，将"函"（平水韵下平声"十三覃"韵）、"珊"（上平声"十四寒"韵）、"删"（上平声"十五删"韵）作为韵字。场景设定为妻子嗟叹自己容色渐衰、韶龄不再，远行的丈夫寄信给她并附此诗相慰：你我两情早契，爱情之"果"已结，不必介意外表容颜，恰如我此函虽寥寥数语，却情真意切一般。第一句中的"短函"一词和结尾的"句可删"相呼应，第二句中的"容色"和"阑珊"，作为第三句中"花都谢"的比喻所指。不知此案萧瑶君意下如何？

总之，让诗作做到既"有句"又"有篇"，是对广大诗词作者的共通要求。"果成熟后"之诗联极好，是一颗璀璨明珠，而《最难》一诗并未成功。我们衷心希望能有一首与此诗联相称的完美诗作问世，使这颗璀璨明珠镶嵌在精美的首饰上，成为一首能够代表现代诗词成就的精品。萧瑶君是这一诗联的原创者，期待他进一步构思推敲，完成这一精品！

第三章 "空灵"创作的得失

——评刘庆霖第一诗集

我从未见过像刘庆霖这样富于个性的现代诗词作者。他的作品丝毫没有中国旧式文人常见的伤感和酸腐。从多方面而言,刘庆霖更具有作为世界普遍意义上的"诗人"之特点。

一、"空灵"创作之得

诗人是热爱生活的。

农村杂咏(其二)
杨树高高柳树低,群童拥过小桥西。
斜阳辉映春风面,争唱新歌调不齐。

秋日采山
八月兴安野味香,两三结伴上峦冈。
采菇女绕山羊道,摘塔人分松鼠粮。
挂树衣巾飘彩蝶,隔溪笑语响斜阳。
层林深浅秋摇曳,谁遣生机画里藏?

诗意,未必只存在于刻意追求的风花雪月之中,淳朴的日常生活里其实比比皆是。作者在平凡中捕捉着诗意的瞬间——"坐闻风雨夜敲庐,似读平生最爱书"(《清明喜雨》其二),"室有芳香浑不觉,花无名贵总常开"(《假日居家》),"识得乡风纯朴意,芳菲本色是桑麻"(《回乡寄怀》)。

生活中的美无处不在,就看你能否以诗心去体会。刘庆霖是真正地跳进了生活,他的心灵是健康的,他的创作和生活浑然一体——"相逢莫问吟诗否,笑语寻常便是歌"(《送伊通诗友》其一)。其作品充满了青春朝气,洋溢着生命的跃动和对生活的挚爱。

诗人是热爱大自然的——"山中迷路巧成缘,撞到群峰怀里边"(《独行金鞭溪》），作者投身于大山的怀抱；"昼读翻残山石页，夜行挑瘦月灯笼"（《秋日登大顶山》），"曲径行时思迤逦，危峦读罢气嶙峋"（《于莲花峰眺望天都诸峰》），两处"读"字，正表示一种用心灵的观察品味。

在军营中刘庆霖是个青年，而当面对天地宇宙时，他成了孩子。他以儿童般天真的眼光，惊喜地注视着大自然。大自然不再仅是一个被观察的客体，一切日月星辰、山川草木都被注入了感情，赋予了生命。与大自然的心心相印、浑然一体，是刘庆霖诗作中非常突出的构思之一，具体又可分为以下三种形式。

一是作者与大自然的沟通——"此间莫奏清清笛，月下担心石醒来"（《题大石林》），"莫问家居在何处，天边北斗是乡亲"（《向海白云歌》），"夜守苍茫知何处？一弯新月是相知"（《望星空》），"欲把心思说柳色，担心叶落负归人"（《铁岭龙首山访友不遇》），"将秋移到乡间过，把月携回梦里圆"（《下乡过中秋》其一）。

二是大自然主动与作者的沟通——"他日春风应识我：白云曾共枕诗眠"（《告别黄龙府》其一），"贪山恋水归来晚，明月提灯送一程"（《游松花湖》），"欣故乡有信：春风仍是，我家花匠"（《水龙吟·春宵漫步》），"峰岩识我常含笑，溪水由他去乱谈"（《山中小住》其一）。

三是大自然物物之间的相互沟通，它们都被作者感情化、人格化了——"日是峰峦守护神，秋风晨雨亦家人"（《长白山行吟》其一），"航标远去沉沉夜，播种浪花唯月知"（《由烟台返大连船上作》其二），"神女来时松作侍，帝星居处石为臣"（《玉屏楼抒怀》），"暮宿红云为锦帐，朝升沧海洗征尘"（《日》），"拨云光自铺前路，逐日心甘步后尘"（《月》），"振翅有心栽柳色，衔泥无意带花香"（《燕子》），"东风莫管姻缘事，且让梅花自主张"（《雪中梅情》），"只因晓日来相唤，化作流光映彩霞"（《霜雪窗花》）。

诗人是真诚正直的——"耿介直言不自持，总将天性示人知"（《直言》），"信口直言无出处，自来流水是吾师"（《参加自来水公司活动》），"唯有一丝尚可取，醒时犹带醉时真"（《自嘲》）。诗人是洒脱的——"君山隔雨岂生愁？万事随缘不可求"（《登岳阳楼》其一），"大度不和春计较，小晴但向月徘徊"（《游净月潭》），"移居何地总随缘，我住农安亦偶然"（《告别黄龙府》其三），但又是执着的——"曾教十年开万卷，敢夸一诺值千金"（《放言》），"莫道无眠词渐瘦，欲将消瘦报知音"（《寄友人》），"我自有情如此物，寸心到死为君红"（《红豆吟》其三）。

诗人怀有强烈的自信——《下乡收粮》生动记录了一连串尴尬,读来令人忍俊不禁,"买卖不成犹暗喜,子牙当年是大才",颗粒未收,然而这又是作者潜意识中所窃然希望的;"天将大任昭君出,岂是画师能误人"(《过昭君墓》)一扫"君王若问妾颜色,莫道不如官里时"(白居易《王昭君》)那种中世纪的消极人生观,"卧榻能知天必荐,出山已晓地堪分"(《诸葛亮》),这里的王昭君和诸葛亮,实际上都是刘庆霖自身的精神投影。

诗人是宇宙的主宰——"如今我是石天子,统御湘中百万峰"(《题张家界天子山》),"他年我若掌天文,不扣人间半点春"(《望长白山天文峰》),"胸中世界气如虹,笔底江山春是墨"(《学诗五周年忆》),"仰天长啸处,脚下亦星河"(《答友人》)。诗人的生命贯穿整个历史——"若使我生千载上,定邀嬴政夜谈兵"(《观兵马俑》),"陆沉当日余多病,天漏之时恨未知"(《致女娲》)。

对于刘庆霖来说,其第一艺术生命之"诗"竟是如此亲切,绝不是一个空洞抽象的概念。它是有形的——"误入花间摇不出,诗思缠绕藕丝中"(《戏赠陈旭、许清泉》),有重量的——"归时但觉诗囊重,一句新词一座峰"(《秋日登大顶山》),有价格的——"动员灵感皆担酒,典当春风聊买诗"(《谢诗友劝饮之厚意》),更是芳醇的——"今日唯求能共醉,举杯劝饮一瓢诗"(《送伊通诗友》其二),"犹见词书亲似酒,每闻诗味醉如泥"(《自嘲》)。

作者还善于把没有形状的情感和声音写"活",写得极其具体生动——"从今不拟缘情赋,叠起相思月里藏"(《军营述怀》其一),"伐得乡谣作炭薪,点燃童梦为篝火"(《下乡过中秋》其二),"三尺童谣,二斤笑容,一篓情趣。趟过自然,觅个心湾,钓个话题"(《垂钓吟》),"脚踏两行乡韵,身背半篓歌声"(《西江月·与庆文弟村西踏雪》),"拾起莺声垄上行,携回花信枕边阅"(《学诗五周年忆》),"枕过春山留梦迹,担回溪水有蛙声"(《春日抒怀》其二)。

刘庆霖炼字功夫出色——"海是家乡月是朋,惯于水底枕涛声"(《蚌》),"挥鞭我牧燎原火,谁领潮流到海门"(《学诗杂吟》其四),"家书爬满叮咛语,争教男儿不望乡"(《军营述怀》其二),"一潭月色泡千年,饮者时常醉不还"(《三潭映月》),"峰峦疑午睡,溜出白云来"(《走进双阳山》其一),"春色溅吟怀,野花向日开"(《走进双阳山》其二),"云蒸红日生寥廓,路捆苍山唤自由"(《寄赠何时中先生》),以上这些加着重号之字都耐人寻味。

他的诗思在想象中飞翔，作品充满了灵气，往往以奇制胜，以刹那间的灵感制胜，构思奇拔令人拍案叫绝。"炊烟袅袅"居然是"如溪立"（《农村杂咏》其一），而小溪又被比喻成鞭子——"一声高喊音回荡，谁执溪鞭牧乱山"（《与诗友同游冰峪沟》）。沙尘暴被想象为"太阳抖落满身尘"（《感受沙尘暴》）。"翅膀是家天是路，风云为友雨为师。爪尖不让刀锋利，眼快还嫌雷电迟"（《鹰》）的想象和气势胜于王维的"草枯鹰眼疾"（《观猎》）。"千岛醉眠云里去，万峰青到梦中来"（《游千岛湖》其一），"阳光翅膀成霞落，秋水情怀作雁飞"（《游查干湖》），"春归不见相思鸟，却梦此心枝上啼"（《春梦》）。他的诗不受传统束缚，没有落在任何古人的窠臼之中，个性鲜明，极富创造性。刘庆霖的诗句，只有刘庆霖才构思得出来。

刘庆霖诗作的上述特点，可用"空灵"二字来概括。我认为就俊逸奇拔、与天地宇宙浑然一体以及富于灵感等方面来看，尽管目前整体尚嫌稚嫩，刘庆霖的风格可以说在某种程度上和李太白的神韵有所相似。

二、"空灵"创作之失

可是，所谓"特点"往往既是优点，也能成为缺点。以上，我们主要看了刘庆霖诗作的成功之处，下面也要谈一些其不足之处。而且我认为，这些不足同样也是基于其"空灵"的特点。

别三角龙湾
塞外山奇水亦奇，龙湾相对两依依。
诗刀且共军刀快，裁得湖光作锦衣。

这是刘庆霖生平发表的第一首诗作，极能代表其风格。"诗刀且共军刀快，裁得湖光作锦衣"大胆奇拔，正是空灵创作的结晶。那"诗刀"刹那间的锐利锋芒，将永久地闪射于中国现代诗词史上。仅凭此一联，刘庆霖即可获得"诗人"之不朽称号。

众所周知，艺术创作讲究虚实结合，例如，作画有写意和写实之分。李白的《望庐山瀑布》："日照香炉生紫烟，遥看瀑布挂前川。飞流直下三千尺，疑是银河落九天"，正是有了起承句的写实铺垫，转结句的想象飞跃才有了坚实的基础。《别三角龙湾》的转结二句是虚笔，那么，我们看其起承二句：起句"塞外山奇水亦奇"是个笼统的虚笔,它作了一个"奇"的判断,而究竟是如何一个"奇"法没有交代,我们期待着在下文进行具体描述;可是第二句"龙湾相对两依依"还是虚笔,"依依"所表现的是作者对龙湾的心理状态而非龙湾的具体形态。读过此诗,我们会相信龙湾确实很美,但究竟如何的美并不清楚——只有美的概念,没有美的形象。原因正是在于起承二句空泛,并没有道出多少实质性内容。不过,这马上被转结二句的精彩所遮盖。因此,尽管有缺陷,这首诗依然可视为一首好诗。当然,读者还是希望其能成为一首完美的作品。在起承二句中增加一些对龙湾风景的具体刻画如何?

军营抒怀
十年望月满还亏,看落梅花听子规。
磨快宝刀悬北斗,男儿为国枕安危。

这首绝句的转结二句很有力,可是第二句"看落梅花听子规"的分量不足。这是一个对万人通用的泛泛的花鸟描写,缺乏作为独特军旅生活的紧凑与深刻。作者于主观发挥已经成功,尚需加强客观描写的笔力。

绝句这一诗型,可以说适合空灵创作,以表现刹那间涌动的灵感。起承句主要起铺垫作用,一首诗作的成功与否,关键是看转结句的飞跃是否出色。只要转结句好,起承句稍稍平凡亦可。可是到了律诗,情况就有所不同了。律诗的篇幅扩展为八句,中间两联要求对仗,使其成为严密细致、结构性较强的诗型。如果说绝句重在讲求转结二句之出色的"个人主义"的话,律诗则重在讲求通篇整体配合的"集体主义"(当然,绝句在结构上也讲求"起承转结"之间的配合,但相对而言,还是律诗更为精密)。在律诗中,个别诗句出色与否固然重要,可是建立在其上的,首先是**一首作品通篇布局的合理以及整体气韵的统一**。就我个人来看,刘庆霖目前的律诗创作未及其绝句出色,虽然其中的妙语警句并不逊色于其绝句,但在通篇整体上,还有不成熟之处。

读《热血黄沙》集寄刘大辉
琴心剑胆两分明,难得文风涤世风。
十载光阴诗剪碎,一窗花影月裁成。

>已将旧韵和新韵,直教人名荣地名。
>宁有黄沙消热血?男儿光彩照长城!

这首七律颇具代表性。首先看尾联:"宁有黄沙消热血?男儿光彩照长城"刚健有力,成为全篇高潮,前文当在这一风格的框架内进行铺垫。接着,我们从头读起:首联上句"琴心剑胆两分明"力度是够的,下句"难得文风涤世风"气势上稍弱;颔联"十载光阴诗剪碎,一窗花影月裁成"本身不错,可是在风格上是宁静优美的,与尾联直抒胸臆的阳刚壮美不合,另外,在内容上与前文中的"涤世风"三字无涉;颈联"已将旧韵和新韵,直教人名荣地名"是一组生硬的概念堆砌,诗味索然,似乎只是为了用来凑齐一首七律而已,"直教人名荣地名"同尾联之间在内容上基本是割裂的,"荣地名"的"地名"究竟指何处也不清楚。因此,这首作品虽然单独看其颔联和尾联都很出色,可是作为一首七律却是失败的。作者颇为注重对精彩佳句的追求,而对一首作品的通篇布局及整体气韵却有所忽略。并不见得只要是好的诗句,组合起来就是好诗。

刘庆霖的第一部诗词集《刘庆霖诗词》(中国文联出版社,2002年版,以下简称"第一诗集")从内容来看,以山川名胜的游历为主,其次是军旅生活的抒怀,此外还有一部分咏物诗。这些题材都相对适于发挥"空灵"特色。那么,刘庆霖对社会题材的把握如何,我们看他的以下这组《抗洪杂诗》:

>山在沉浮堤在晃,小船行走树梢上。
>两江水汛月为传,报纸荧屏皆白浪。
>
>奶水疗伤佳话传,此情使我久无眠。
>大堤不垮缘何事?毕竟人民是靠山。
>
>三军列阵示情怀,风雨如磐一字开。
>遥见长堤迷彩色,莺飞误认柳林来。
>
>洪水拍天湿太阳,神州上下赈灾忙。
>嫦娥自愧无钱物,捐出心中一缕光。

这四首绝句就其本身来看还是可以的,作者特别于后两首发挥了其一贯的"空灵"构思。但是,与"抗洪"之主题相较,则不得不说有一种"不能承受之轻"了，失之于未能深刻地写出洪灾的严重。第三首中，作者的着眼点竟然放在了黄莺误认迷彩服为柳林的闲情逸趣上，这样的情趣在任何行军拉练时不能写？为什么偏偏要放在抗洪抢险的节骨眼上？以抗洪为题材进行创作，像这样的构思应当在一开始就排除掉。第四首简直是一出童话喜剧：洪水湿到了太阳，于是有嫦娥来登场。对于洪灾，我们要的是严肃的纪录片，不是轻松的童话剧！国家付出巨大代价换来的这个惨痛教训，同时也是宝贵的文学素材，我们必须以高度严肃的态度来对待。这四首诗中，民生的痛苦何在？抗洪的搏斗何在？洪灾的教训何在？这里使人不禁想到了杜甫的诗句："或看翡翠兰苕上，未掣鲸鱼碧海中。"（《戏为六绝句》其四）作者把眼光落在了黄莺、翠鸟这样的"小玩意"上，面对洪灾这一怪兽，没有与其进行正面搏斗，而是施展轻功腾挪闪开了。所以，这一组诗只能称为"抗洪杂诗"，而非"抗洪诗"。试举我关于该题材的两首七律：

戊寅汛情严重感赋
金中

扬子惊闻水势高，潇湘愁见众生劳。
堤边悲壮军民搏，屋上凄凉老幼号。
暴雨袭来泛沧海，良田没却滚洪涛。
欲挥大禹倚天剑，万里横江斩巨鳌！

戊寅洪汛反思
金中

坚守堤防险不堪，惊涛急雨晦江南。
权将黎庶惊惶鸟，托付官兵奇勇男。
滥砍山林私利重，强侵湖脉欲心贪。
莫言尽是苍公咎，人祸七分天祸三。

我认为这至少是关于抗洪主题应该构思的方向，但这两首也绝不就行。首先，格律诗的简短篇幅根本就容纳不下关于抗洪主题的充分铺陈。我们呼唤对之更加长而有力的古风作品。

显然，对于表现重大的社会题材，李白式的"空灵"创作有其局限性；相对而言，杜甫式的风格较为合适。这里需要的是深刻，是思索，是重拙。

我们不妨把李杜这两位诗坛顶峰所各自擅长的诗型、题材及其风格特点等关键词（keyword）罗列一下，让二者的区别一目了然：

李白
绝句　人生　自然风景　主观　浪漫　刹那的灵感　空灵　秀雅　天成　飞扬
杜甫
律诗　社会　人事风云　客观　现实　长久的思索　重拙　雄伟　锤炼　沉着

当然，这只是一个非常单纯化的对比。不用说，李白并拥秀雅和雄伟，杜甫擅长律诗亦有绝句佳作，浪漫与现实的笔法二人兼而有之，只不过各自所占比重不同而已。

刘庆霖目前之所长主要是李白式的"空灵"路线，其薄弱环节恰恰多坐落在杜甫的路线上。为了避免诗作流于平庸，刘庆霖极力地求新求奇，似乎没有意识到在"空灵"之外还有"重拙"一途。"重拙"同样是一种重要的美学，而且有"空灵"所不具备的长处。

作诗其实并不需要过于奇特的构思，只要能写得有深度和力度，同样可以成功。"空灵"与"重拙"之间的关系不是排斥而是互补的。我们没有理由把自己完全局限在某一条路线上，特别是对于**肩负着开拓现代诗词使命的青年诗人**来说，二者都需要掌握，要采众家之长。

刘庆霖诗作的成功与不足，均来自其"空灵"之特色。得失相较，前者为主要部分。相信刘庆霖今后会加强客观描写，加强作品的重厚感，祝其在诗词探索中攀上新的高峰！

三、结语

读完《刘庆霖诗词》已是异邦深夜，掩卷长吟"他年若许天涯老，血洒边关铸界碑"（《北疆哨兵》其三）之句，这无疑是刘庆霖的最高诗句，有力度！有风骨！我脑海中浮现出这样的幻景：在一片白雪覆盖的林莽之中，一位边防战士威严不动地挺立在哨所，钢枪上锋利的刺刀在月色中寒光一闪。在他前方耸立着一块石碑，上面赫然镌刻着"中华人民共和国国界"的汉字……不由得胸头一热。这是我们孩提时的梦想，多年来心目中的憧憬。刘庆霖幸运地拥有了这样的生命体验，又把这一感动用诗词的形式传递了出来。感谢他的诗作！也对我们相识于21世纪的诗缘感到庆幸，我愿和他并肩探索现代诗词的创新之路！

第四章 "童话诗词"的成功与局限

——评刘庆霖第二诗集

刘庆霖于2002年出版其第一诗集之后,于2006年又推出了《掌上春光——刘庆霖诗词第二集》(中国文联出版社)。《掌上春光》以这四年间的新作为主,另外还选录了第一诗集中的部分作品。在内容编排上,从第一诗集以"绝句""律诗""词""古风"进行的体裁分类,改为以"军旅篇""山水篇""咏物篇""田园篇""杂咏篇"进行的题材分类,较为细致。可以说,《掌上春光》并不是第一诗集的单纯延续,而是包括第一诗集在内的刘庆霖十多年诗业之总结。

刘庆霖近年来日益受到诗词界关注。他借鉴自由诗的表现手法,提出"旧体新诗"的理念并运用在其创作实践中,走在了当代诗词创新的前沿。以《掌上春光》为对象,全面分析刘庆霖诗作的特色,评价其成功与不足,对于现代诗词的发展无疑具有重要启示。

一、"童话诗词"的成功

《掌上春光》中的佳作、佳句比比皆是。山川草木、日月星辰,五光十色的意象令人眼花缭乱。作者刻意打破常规思路,诗作明显呈现新奇之特色。总的来看,表现天地宇宙中的万物一体是其主要构思。

这一构思主要分为两种形式。

一是作品中有"我"出现时,表现"我"与大自然之间的沟通交融。这里既有"我"向大自然的沟通,如"扯来夜幕披身上,时有繁星落梦中"(《军队拉练》其三),"岸边小憩峰为枕,不觉浪花飞满襟"(《松花湖杂诗》其三),"一抱白云沾五指,蓦然回顾手成山"(《过五指山》);也有大自然主动与"我"的交融,如"峰穿迷彩身边立,共染秋霜站哨来"(《故乡边境行之一》其二),"桦枝新绿岗亭外,知有春风为我回"(《哨所旧事》其二),"春色卵生脚窝里,山花应忆我来时"(《雪中登磐石仙人洞峰》其三)。"欲寻一叶板,冲浪下千峰"(《长白山行吟》其四),极具动感;"龙潭待我已千年,一见相拥肩并肩"(《十二上龙潭山》其六),何其亲切!

二是作品中没有"我"出现时，则将自然界的物象人格化，表现大自然中物物之间的沟通交融，如"一半朝阳收拾走，还留一半酿佳诗"（《吉林雾凇》其二），"野花鞋被风穿走，山雨悠悠赤脚行"（《夏意》），"芦苇梢头开雨翼，高粱秆上筑风巢"（《乡村即景》其四），"屋脊旁边云朵睡，天堂隔壁雪莲开"（《西藏杂感》其七）。

这一构思主要有两种表现手法：

一是使用新奇的比喻。其中，以"如""似"等字引出的明喻，如"春山似画谁能裱？溪水如琴我欲弹"（《烟峦独坐》其一），"万木如梳云似鬟，此间谁在理春头"（《十二上龙潭山》其五），"日边霞似天张网，欲捕人间秋正肥"（《波萝湖之秋》其三）；以"是""作"等字引出的暗喻，如"天山是我雪鬃马，塞外从戎久未还"（《望博格达峰》），"山作烟囱田作炕，可知谁在卧风尘"（《过磐石烟囱山》）。有的暗喻直接将本体与喻体合为一处，如，"草里蘑菇蚂蚁伞，池中荷叶青蛙床"（《杂感》其五），有的则更简洁地压缩为两个字，如，"胸壑存溪谷，眉林歇鸟音"（《夜宿莲花山》），"云帐散成虹雨露，春巢飞出夏秋冬"（《题长白山石壁》其三）。

二是使用出人意表的动词将事物进行串联，如"半枝花蕾插头上，一罐月光提手中"（《乡村即景》其三），"大角湾中扛海轻，肩头时有浪花凝"（《阳江大角湾海浴抒怀》），"林间坐到夕阳晚，撩起黄昏看杏花"（《白城包拉温都赏杏花》其三），"阳光啄食空巢雪，知有春莺飞欲回"（《十二上龙潭山》其二），"蝶衣沾走杂花色，大块春光拍翅飞"（《十二上龙潭山》其七），"叶笛声声惊雁起，湖襟飞过一排秋"（《波萝湖之秋》其二）。

当新奇的比喻与出人意表的动词结合在一起时，则构成一种奇幻效果——"提起林襟轻抖动，半天鸟语乱花风"（《松花湖晨起》其一），妙趣横生；"蝉语一声无梦扰，蝶书两页有花翻"（《浣溪沙·游莲花山》）打破一般的蝉声扰梦、蝶翅扇花的思路，故意反方向言之；"夕阳映水成金剑，我欲提携守隘关"（《故乡边境行之三》其一），上句用暗喻将水中倒映的夕阳奇拔地比作"金剑"，是第一重打破常规的飞跃，下句再大胆地想象要持这一"金剑"作为守关之利器，是第二重飞跃，读者的思绪完全被诗句所牵住，简直难以预料后面又会"蹦出"什么精彩。

此外，将抽象的思念、诗思以及无形的山韵、声、光、香、梦等写得生动具体、活灵活现，是刘庆霖诗词中另一种典型的构思，如"从今不拟缘情赋，叠起相思月里藏"（《军营抒怀》其二），"采回山韵皆原始，挖得诗思俱野生"(《松花江畔农家小住》其一),"足迹移交新战友,背包捆起旧歌声"(《老兵复员》),"潭边消酒夜微凉,掬罢清辉坐石旁"(《中秋前夜龙潭山赏月》),"花香躲在苞芽里,忽被春风翻出来"(《捉迷藏》),"伐得乡谣作炭薪,点燃童梦为篝火"(《下乡过中秋》其二)。

这些精彩奇拔的诗句,显然得益于作者从自由诗中获取的养分。在上章,我用"空灵"一词对刘庆霖第一诗集的特色进行了概括。在其第二诗集中,我认为以下诗作尤具特色:

黄昏农家记事(其一)
踏雪悠悠杨树坡,穿林喜鹊唱冰河。
攀枝欲到高桠处,掏得夕阳金鸟窝。

信使
绿风拐进小河湾,春是农家邮递员。
对折蝶书何处寄?淡香一片菜花间。

黑板
我家黑板碧空藏,书满星词共月章。
晨起太阳来执教,擦光夜色写霞光。

这种童心式的世界观,可以说是上述刘庆霖诗词各种构思及表现手法的精神底蕴。因此,在本章我使用"童话诗词"一词来概括刘庆霖诗作的主要内涵。当然,这一称谓并不意味着就是其诗作内涵的全部。

刘庆霖"童话诗词"的成功,无疑是当代诗词的一个亮点。对其任何形式的轻视或冷漠,都是失之公允的。

像"香稻扬花风暗助,高粱拔节月偷听"(《浣溪沙·故乡行》其二),"梨花邀雪商量白,杨柳随风先自青"(《春日述怀》其二),"夕归松臂接衣帽,晨起风梳理鬓丝"(《山中小住》),"误食月钩光满腹,偶眠莲帐梦多清"(《野塘鱼》)等诗联,在整体淳朴的刘庆霖诗作中又别具一种典雅的韵致。

二、"童话诗词"的局限

在对《掌上春光》所取得的成功感到钦佩之余,也不禁萌生出一些遗憾。

第四章 "童话诗词"的成功与局限

我明显地感到,作者过于倚重"童话诗词"的思维模式,将其作为了创作的主要方向;而忽视了抒情方式的多样性,要写出好诗其实并非仅只"童话诗词"之一途。《掌上春光》与第一诗集相比,诚然取得了很多进步,"童话诗词"技巧运用得更加纯熟和广泛,但我在上章关于其第一诗集所指出的"为了避免诗作流于平庸,刘庆霖极力地求新求奇,似乎没有意识到在'空灵'之外还有'重拙'一途",有待"加强客观描写,加强作品的重厚感"之缺陷依然存在。能否对其改进,是刘庆霖诗词今后发展的关键。

如前所述,将声音写"活"是刘庆霖诗作中的一种典型构思。读到第一诗集中的"脚踏两行乡韵,身背半篓歌声"(《西江月·与庆文弟村西踏雪》),"拾起莺声垄上行,携回花信枕边阅"(《学诗五周年忆》),"枕过春山留梦迹,担回溪水有蛙声"(《春日抒怀》其二)等诗句,我们会觉得非常新鲜。在《掌上春光》中,这一构思出现的频度极高:"鸟声如锯木,断续落幽香"(《与友松花湖畔饮酒》)之比喻奇拔;"蛙声硌脚田间路"(《农家杂咏》其三)之句,将作者步行在田间小路时听到蛙声忽吃一惊,觉得那蛙声就来自脚边,怕一迈脚就不小心踩着青蛙,不由得放慢脚步,寻声探寻青蛙的踪迹等一系列心理活动,用简洁的七个字描写得活灵活现。像这样的诗句自然精彩生动。

可是,对于"头枕鸟声山径卧,手中一叠杏花风"(《白城包拉温都赏杏花》其一),"谁家挖菜归来女?提一花蓝布谷声"(《春韵》),"牧童捉得蝉声去,草帽携将鱼篓归"(《乡村即景》其一),"着露虫声浮脚面,摇风树影动衣裳"(《中秋前夜龙潭山赏月》),"莺语染成莲叶色,蛙声粘满稻花香"(《农家杂咏》其二),"霜峰五色随风走,染向亭边犬吠声"(《金秋题牧野亭》其一),"佛寺半悬崖壁外,禅声多落鸟巢中"(《登山西悬空寺》),"娇娇三五谁家女?手捧浪花泼笑声"(《松花湖杂诗》其一),"携得一螺千里外,从今夜夜枕涛声"(《别海口诸诗友》)等诗句,感觉构思大体相似。单独抽出一首也许会觉得有趣,而置于一部诗集来看则明显过多,有刻意为之、自我复制之嫌。读过第一诗集之后,对于这种构思的新鲜感降低。**新奇表达初见时的感动日久会褪色,只有耐得住反复品味才是好诗。**《童年生活剪影》组诗由三首绝句构成:前两首的转结句分别为"捆星背月归来晚,踩响村头犬吠声"(《冬天打背柴》)和"提篮钻树林间觅,拾起蘑菇破土声"(《夏日捡捡蘑菇》),并排在一处让人感觉麻木,第三首的转结句是"抓鱼一串手提去,泥上深留小脚丫"(《放学路上抓鱼》),这样的写实白描反倒让人觉得新鲜自然。

"童话诗词"的构思需要考虑通篇配合的问题。

> 西藏杂感（其一）
> 远处雪山摊碎光，高原六月野茫茫。
> 一方花色头巾里，三五牦牛啃夕阳。

这首诗的第四句出色，视觉形象鲜明。刘庆霖本人在其《浅谈我的"旧体新诗"》一文中就该作指出：

> 第一句是空间，第二句是时间，二者都是远镜头、大广角，三、四句是倒装句，意思是夕阳下，三五牦牛在花头巾一样的草地上啃草。第三句是特写也是空间，第四句是近镜头同时还是时间，这是运用了影视中常用的"蒙太奇"剪辑手法和时空交错的结构方式。（《掌上春光》第163页）

从中可见，第三句"一方花色头巾里"是用来指代草地的借喻手法。我对于读者只看原诗能否作出如是理解怀有疑问，因为后一句中的"牦牛"和"夕阳"都是实写。在第三句中点明"草地"，改为使用"如""似"等字表达的明喻似便于传达作者的本意。

> 查干湖夏望
> 平湖饮罢坐峦看，浩淼清波大野连。
> 荷叶翻风香细浪，芦花着雨湿轻烟。
> 穿云雁欲飞回水，食草羊能啃到天。
> 莫使村童吹牧笛，夕阳打盹马兰边。

这首律诗的尾联运用了"童话诗词"的思路，"打盹"一词的口语化色彩与颔联"荷叶翻风香细浪，芦花着雨湿轻烟"的精致典雅不协调。与之相较，同样运用"童话诗词"思路的以下律诗则在通篇气韵上取得了统一：

第四章 "童话诗词"的成功与局限

> 军马
> 烟雨苍茫西复东，边关万里散蹄风。
> 金鞭抽打骨犹劲，玉垒消磨心更雄。
> 守得夜空食星草，驮将日月建天功。
> 柳营一梦身安在？化作高山披雪鬃。

更重要的是，"童话诗词"本身在艺术高度上是有限度的。
《高原军人》组诗的序文和诗作如下：

> 1993年第3期《解放军画报》刊登了喀喇昆仑山顶哨卡的一组照片。其中，神仙湾哨卡海拔5380米，是真正的"屋脊之巅"，也是目前世界上最高的驻兵点。1990年12月，一次巡逻途中，战士王建平的皮帽子被大风刮跑了，在零下30多度的严寒下，时任排长的陈全新将自己的帽子硬是塞给了小王。结果返回部队后，陈排长的大半个耳朵被冻掉了。此诗谨献给所有驻守在高原的军人们。

> 其一
> 高原营帐触天襟，耕月犁云亦可闻。
> 夜里查房尤仔细，担心混入外星人。

> 其二
> 一年三季雪封门，乱石嶙峋难觅春。
> 风冻鸟声浑不转，巡逻更上一层云。

> 其三
> 头顶蓝天脚踏云，苍鹰做伴峰为邻。
> 岩边站哨凝眉久，白雪飘来花满身。

三首绝句均是"童话诗词"的思路。但是，最能给读者心灵以震撼的，当数序文中所讲述的排长舍己为人的故事。设想假如杜甫知道了这一情节，定会构思一首长篇古风，对该故事的前后经过进行细致刻画。遗憾的是作者没有！感人至深的故事在诗作正文中没有丝毫触及。三首小诗的内容同"高原军人"之大题材相较太轻，太轻！这里需要的是**对人世间的严酷定睛凝视**

第二编 现代诗词各论

并将其表现为诗词文字的力量。

《荒山植树行》组诗的序文和诗作如下:

2005年4月16日到21日,参加吉林省军区组织"百连万亩荒山绿化活动",到前郭县东三家子乡植树,几百顶帐篷在荒山下支起,数千人拥向荒山。然而,条件是十分的艰苦,前期遇上了沙尘暴,后期遇上了连雨天,帐篷四周几乎是一片汪洋,民兵们白天上山植树,夜里住在又潮又冷的帐篷里,令人感动万分,故以一组小诗作为纪念。

其一
朝云瘦尽瘦犁农,丘壑榆姿伐欲空。
一夜风吹沙似浪,春山荒到鸟声中。

其二
挥师瀚海是雄兵,沙暴卷旗新露营。
地铺潮时梦俱湿,面尘厚处草能生。

其三
精兵八路压山隈,旗向荒沙深处围。
昨日尘埃终落定,狂飙也惧大军威。

其四
知时春雨净尘埃,晓上荒山植树来。
手捧杏苗培沃土,他年掌上有花开。

其五
枯叶蝶飞沙岗横,阳春四月草难生。
从今山植军衣色,迷彩服中听鸟鸣。

其六
无溪山里月朦胧,生态平衡胸壑中。
植向心头一片绿,更移春色上眉峰。

从序文中，我们不难想象荒山植树那既艰苦又热烈的场景。以上六首绝句的转结句同样均为作者惯用的"童话诗词"思路。我们不应满足于这六首小诗的精巧，其评价应同"荒山植树"之题材本身的分量相较才能作出判断。显然，这些诗作没有从正面对荒山植树过程中的艰苦与热烈作深入描写，缺乏力度。正是"童话诗词"的思路，削弱了该题材所应有的魄力与感动。

对此，我不禁想到了陆游《过灵石三峰》组诗中的绝句："奇峰迎马骇衰翁，蜀岭吴山一洗空。拔地青苍五千仞，劳渠蟠屈小诗中"——陆游面对峻高奇伟的灵石三峰，觉得将其写入一首短短的小诗，有令其受屈之感，诗作之体裁以长篇古风为合适。

当获得诗词创作的表现题材之后，选择适当的体裁、篇幅和决定从大方向上如何来表现，是优先于具体文字推敲的首要问题，即判断是用绝句、律诗、词抑或古风来容纳自己的感动，是从正面还是侧面来描写等等。**刹那间的感动相对适于使用短小的篇幅点到为止，留下余韵；厚重的感动适于使用长篇体裁，从正面进行细致铺陈。**

"童话诗词"以奇思趣想取胜，适合表现山水、咏物、田园等生活化题材；但对于表现重大题材，由于缺乏必要的深刻严肃和震撼人心的力量而难以胜任。《高原军人》和《荒山植树行》组诗典型地反映出"童话诗词"的限度：只能进行闪展腾挪而非正面搏斗，流于小机巧而非大智慧。

杂感（其九）
怀揣公款乐悠悠，走罢杭州走广州。
堪笑鄱阳湖里雁，年年自费北方游。

陪会
无端陪会上层楼，顿觉时间慢似牛。
一脸公文台上坐，三杯茶水腹中流。

以上两首是《掌上春光》中少有的社会讽刺题材之作，止于幽默诙谐的层面，缺乏相应的深度和力度。

三、"童话诗词"的今后课题

大凡艺术创作莫不涉及两方面要素：一是对前人传统的继承模仿，一是个人的创新。中国的传统诗词由于历史积淀深厚，今天的大多数诗词作者停留在对古典诗词的继承模仿上，创新部分较少。刘庆霖主要从自由诗中吸收学习，将自己的重心放在了创新方面，使其获得了成功，在当代诗坛独树一帜。总体来看，刘庆霖诗词的古典素养还不算深厚，这是因为作者为了求新而特意回避。对于古典诗词吸收得少，故而能够摆脱其束缚。现在的课题是，在《掌上春光》之后，如何获得进一步发展。这既是刘庆霖自身的切望，也是诗坛对刘庆霖的期待。

"自由诗"如其名称所示，表现自由，能够开拓传统诗词之思路自不待言。刘庆霖一直以来保持着阅读大量自由诗作的习惯，足见其目光独具和勤奋。不过，我并不完全赞同这样的钻研方式。自由诗毕竟没有经历时间的考验，水平良莠不齐，关注其中的精品部分即可。作为诗词作者，似不必对每年每月炮制出的大量作品一一细读，就像用不着长时间地定睛注目时钟的秒针一样。将腾出来的宝贵时间、精力投入对传统诗词经典的钻研更为必要。

"童话诗词"类似于绘画中的写意，有待加强作为基本功的写生训练，锻炼运用"童话诗词"以外的思路进行富于深度、力度的创作。在通过脱离传统而获得第一阶段的成功之后，下一步恰恰需要相反地回归传统，以求新的提高。虽然，从某种意义上讲这是走回头路，但绝不意味着归于平庸、泯灭自己的特色，而是为进一步的飞跃作准备。有了古典诗词的扎实积淀，不仅创作思路可以丰富多样，而且再写"童话诗词"也将获得新的提升。今后的诗作若还是停留在现阶段的"童话诗词"层面，只能说是量的叠加，而非质的进步。

其实，同第一诗集相比，《掌上春光》中的写实手法及古典诗词要素已有所增加。经过我的"鞭挞"之后，上章所述刘庆霖第一诗集中的《抗洪杂诗》组诗在《掌上春光》中，其标题被修改为《九八抗洪》。原作中的第一首"山在沉浮堤在晃，小船行走树梢上。两江水汛月为传，报纸荧屏皆白浪"被替换为"暴雨连天挟闷雷，洪峰呼啸似山摧。土沙不足抵挡处，将士身躯是子堤"，原作中的第三首"三军列阵示情怀，风雨如磐一字开。遥见长堤迷彩色，莺飞误认柳林来"被修改为"洪峰过后散阴霾，小憩三军堤上排。遥见如林迷彩色，莺飞再度放歌来"，从中不难看出作者力图加强写实成分的努力。

萤火虫
护田暗夜自提灯，未向人间索薄名。
却幸车家陪学子，一时照亮读书声。

这首诗运用了东晋车胤囊萤代灯的典故。我们一般常说，当代诗词不要过于用典，造成晦涩难懂。但对于刘庆霖，则是希望其适当地用典，以增强作品的传统要素。从"啼晓鸡柴垛，修巢燕屋梁"（《访友人山庄》），"数犬吠人窗外雪，一猫待鼠灶边箩"（《旧日农家记事》）等诗句中，可以看到作者对古诗句法的学习。《掌上春光》中缺少了第一诗集中的古风长篇诗作，但具有研习（非"沿袭"）古典性质的《浣溪沙》词作明显增多。

秋日客居京城有感
中酒京华宴，归眠府外楼。
虫声床脚起，月色枕边流。
雨落梦中夕，风吹心上秋。
半生半漂泊，沧海一扁舟。

这首五律写出了在刘庆霖诗作中罕见的人生中年之苦涩。第二诗集中《拟山居》《浣溪沙·拟归钓》等题材的存在，说明伴随阅历的增长，作者的精神底蕴已经逐渐出现回归传统的迹象。

四、结语

当代的诗词作者对于诗词复兴肩负着重要使命，需要不断地超越自我，向更高更远的"大诗人"目标攀登。只有表现当代人思想生活的佳作、力作不断涌现，现代诗词创新才有可能获得真正的成功。这是异常艰巨的任务，需要倾注诗词作者毕生的刻苦钻研和生命体验。刘庆霖的诗词具备进一步发展的潜质，期待其新的佳作、力作问世！

第五章　创新与传统的协调

——评刘庆霖第三诗集

刘庆霖以其个性鲜明的诗词创作实践和"旧体新诗"的理念，在当代诗词界独树一帜。作为诗词创新的同道者，我这些年一直关注着刘庆霖的诗作：在本编第三章，将其第一诗集的诗作特点总结为"空灵"；在第四章，将其第二诗集的诗作性质概括为"童话诗词"，另外指出刘庆霖的诗词主要是从自由诗中获取养分，有别于传统诗词，为了今后的提升，反而有必要加强对传统诗词的吸收。我对刘庆霖的赞许与鞭策，莫不缘于对其诗作的欣赏。

刘庆霖的第三部诗集《刘庆霖作品集》作为丛书《古韵新风：当代诗词创新作品选辑二》（线装书局）之一于 2010 年出版，其中收录了其前两部诗集中的部分旧作以及 2007 年以后问世的新作。所谓"旧体新诗"在前两部诗集中树立以后，又取得怎样的发展？如何协调创新与传统之间的关系？对此，想必很多读者都拭目以待。

　　　　　敢将辽塔握成笔，来绘黄龙崛起图。

　　　　　　　　　　　　　　　　（《题农安人民公园》）
　　　　　手握星辰偏不摘，留将指印鉴重来。

　　　　　　　　　　　　　　　　（《夜宿长白山顶》）
　　　　　我有诗怀沧海大，黄河饮尽渴如初。

　　　　　　　　　　　　　　　　（《饮黄河水库》）

新作中的这些诗句将个性张扬的自我与天地宇宙作了串联，贯穿着一种非刘庆霖不可的气势。"旧体新诗"构思奇拔、想象力丰富的特色具现。

　　　　　石开书卷月还读，瀑作琴弦风自弹。

　　　　　　　　　　　　　　　　（《游望天鹅风景区》）
　　　　　荻花一样浣纱女，捶打斜阳在水湄。

　　　　　　　　　　　　　　　　（《农家杂咏》其三）

以上诗句则在大自然的物与物、大自然的物与人之间作了巧致的串联。

  寄家信
  男儿十八戍边楼，哨塔归来坐暮秋。
  折叠情思托鸿雁，担心超重是乡愁。

  送于德水之日本
  百年聚散似飞鸿，唯把真情叠梦中。
  分别望残心里月，相逢握痛指间风。

  波罗湖之秋（其二）
  芦花夹道一黄牛，背上村童红肚兜。
  叶笛声声惊雁过，湖襟飞过一排秋。

  这三首绝句也是体现"旧体新诗"特色的作品：分别在结句将抽象的"乡愁"写得富有重量，将流动的"风"写得具有触感，将"秋"之季节写得活像是一队飞禽，构思堪称奇巧。不过，在我看来这些诗作似有刻意为技巧而技巧之嫌，奇思异想表现得过于突出。在读过刘庆霖的前两部诗集之后，面对这些诗作的新鲜感降低了，至少没有了最初接触刘庆霖诗词时的那种强烈兴奋感。这种从自由诗中获得的词语特殊搭配之技巧，追求的是一种表面的刺激，欠缺令人反复品味的底韵。可以偶来点缀，不宜作为全赖仰仗的主攻诗法。作为一种类似的现象，我想到了中国的民族乐器——古筝：

  在古筝的传统演奏中，主要是以右手弹弦，左手则通过对琴弦的按、揉、吟、颤以增强音色的韵味。在现代，"快速指序"技法的诞生极大提高了古筝的弹奏速度，左手技法获得大幅发展，甚至能够类似右手那样自由地弹奏。古筝演奏与过去相比实现了巨大的飞跃，技法丰富多彩。不过，也出现了新的问题：演奏有时过于注重技巧，一味地追求速度，流为单纯的"炫技"，忽略了对古筝底韵的追求。

  如何不失民族的精神传统，在创新中保留古韵？这不仅是刘庆霖面对的

课题，也是其他有志于诗词创新者所要思考的课题；不仅是诗词面对的课题，也是包括音乐、美术等其他领域在内的中国现代艺术需要共同研究的课题。在国画中加上洋楼、拖拉机之类来点缀，绝不能说创新就已经完成。**创新不能止步于追求外表的光鲜，只有实现与传统内在的协调统一，才可谓真正意义上的成功。**

我注意到，在"创新与传统的协调"这一课题上，刘庆霖的第三诗集正在悄悄地——同时也是切实地——前进之中。这是一种真正的质的提升，不是简单地在前两部诗集延长线上的量的叠加，其主要表现在诗作中的传统底韵获得了增强。

首先，是五律体裁的增多。《入山行》组诗的每首中都有佳句——"溪声新月酒，石径古庵禅"（其一），"舀来一勺月，醉饮古潭边"（其二），"江山一握手，天地两知音"（其三），"烟雨胸中气，江河掌上纹"（其四）。总体来言，以奇巧见长的"旧体新诗"在体裁上相对适合于绝句，特别是平易流畅的七绝；将其写入结构严密的律诗，特别是格调高古的五律之中殊为不易。

"沥干午后千丝雨，摇绿庭前一亩风"（《轩边竹》）——流动的风，以"一亩"之面积来衡量，又与"摇绿"之动词构成特殊搭配；同时，将风之触觉表现为"绿"之视觉，是一种"通感"手法——该联对仗工整，气韵流畅，有一种古诗中的从容与闲适，现代技巧运用得非常自然。

对于各种声音的灵活表现，是刘庆霖诗作中的常见构思。其第一诗集中有"拾起莺声垄上行，携回花信枕边阅"（《学诗五周年忆》），"枕过春山留梦迹，担回溪水有蛙声"（《春日抒怀》其二），第二诗集中有"头枕鸟声山径卧，手中一叠杏花风"（《白城包拉温都赏杏花》其一），"谁家挖菜归来女？提一花篮布谷声"（《春韵》）等等。我在上章对其第二诗集的评论中，已经指出了作者对这一手法过于倚重。第三诗集中这类"声"之构思依然较多，对于看惯刘庆霖诗词的人来说，已不易引发诗兴。不过，"淡淡轻烟入鸟啼"（《军队拉练》其二）之句，倒是值得品味。

吉林雾凇
玉树婆娑映彩桥，阶霜渚雪日方高。
严冬犹有春潮涌，一夜江声上柳条。

读到这首诗，我不由得有些震惊！作者将"雾凇"——凝结在树上的冰层——这一自然景观,竟然与春潮的江声作了串联。"一夜江声上柳条"——眼前的静景幻化为昨夜的动景,有声有色。起承二句的描写铺垫到位,以此为基础,有了转结二句的奇思之飞跃。通篇表达自然流畅,贯穿着一种古雅的韵味,几乎感受不到雕琢的痕迹,我甚至产生了这是一首收入在《千家诗》中的绝句之错觉。现代的技巧与古雅的韵味,达到了一种高度的协调,我将之视为刘庆霖第三诗集中的最高杰作。

第六章　写实手法的运用

——评何鹤诗词

当代的所有诗词作者都面临着这样一个课题：对于诗词这一传统积淀深厚的文学体裁，如何能够摆脱古人窠臼而写出新意？作为今人，自然不能满足于写出与古人相同的作品。**个性与创新，永远是所有艺术的本质追求**。本章围绕青年诗人何鹤的作品，就现代诗词的创新问题进行探讨。

诗词创新的一个典型手法是，打破一般的语言搭配常规，将抽象的事物写活，追求一种表现的大胆与新奇。刘庆霖是这一手法的积极倡导者，把自由诗的创作构思导入传统诗词中，将其命名为"旧体新诗"。

何鹤从 2004 年开始学诗，师从当时供职于吉林农安的刘庆霖。在何鹤的早期诗作中，已经掌握了"旧体新诗"的手法：

> 挥镰割月色，放倒北山秋。
>
> 　　　　　　　　　　　　　　　（《农村一景》）
>
> 眉头忽锁凝神远，一缕相思叠皱纹。
>
> 　　　　　　　　　　　　　（《鹧鸪天·元旦有寄》）
>
> 聊将情匿桃林里，结个春天赠与君。
>
> 　　　　　　　　　　　　　　（《北海漫步有感》）

"旧体新诗"是具有鲜明的刘庆霖个人印记的手法。新颖奇拔，富于情趣，善于将自然风光描绘得灵动多姿。不过，使用过多则有流于机巧之嫌，不易驾驭深刻的社会题材，对此见本编第三至五章详述。

> 满载春天希望走，夫妻灯下卸丰年。
>
> 　　　　　　　　　　　　　　　（《家乡即景》）
>
> 台角埋藏烽火，楼头悬挂松声。
>
> 　　　　　　　　　　　（《西江月·黄崖关看长城》）

第六章 写实手法的运用

一树黄昏沾鹊语，几丝垂柳钓蛙声。

（《春到黄龙府》）

何鹤的以上诗句放在刘庆霖诗词的语境中来读，则显得对"旧体新诗"手法的运用过于露骨，刻意模仿的痕迹明显。何鹤自身亦撰有《浅议"新诗思维"对旧体诗词创作的影响》（《全国第二十三届中华诗词研讨会论文集》，中国文联出版社，2009年版）一文，以其自作为例剖析了"旧体新诗"手法的利弊。

其实，作为诗词创新，在"旧体新诗"之外还有相对更为正统的方法：**并不刻意使用奇思异想，而是对现实进行具体、真切的描写**。不是在古人的思维和语境中创作，将当代的现实套入古人的程式化诗句中，而是以"白描"式的写实手法，径直地把现实描写出来。写出传统诗词中所没有的现代要素，自然也就实现了对诗词的创新（有些物象虽然并非为现代所独有，但能够使读者感受到现代气息的也包含在此列）。这种写实手法具有"旧体新诗"所不具备的力度和题材的广度。

在何鹤诗词中，我首先关注的正是这种具有写实风格的诗句：

门外忽闻吹哨响，手持小镜点红唇。

（《黄昏少女》）

短信一条温旧梦，小花几朵衬新词。

（《浣溪沙·雨中》）

小妹可知时令晚？仍穿一件露脐装。

（《蓟北纪行》）

写实手法同样可以富于情趣。在现实生活中，何鹤供职于中华诗词学会，客寓在每天单程两小时的通州。

过尽繁华百余里，通州容我九平方。

（《下班路上寄秋》）

听惯江南塞北腔，那村名字叫杨庄，半间低矮小平房。

（《浣溪沙·通州住地闲咏》）

第二编　现代诗词各论

这些诗句让人看到的是一个"北漂"真切的现实生活，没有古装面纱的隔膜。

方舟沧海殷殷渡，寂寞潮头又一程。

(《岁末回首》)

数回碰壁辄缄口，低调做人常点头。

(《无眠闲题》)

薄情每作深情慰，假话伴装真话听。

(《通州感怀》)

殷勤未必随人意，无愧于心又一年。

(《鹧鸪天·回首牛年》)

虽然有艰辛、孤独与无奈，但何鹤的诗作更多地表现了一种乐观、自信与希望：

懒闻媒体无休语，喜是诗心能放舟。

(《京漂之夜》)

怀弄潮心须踏浪，有凌云志自兼程。

(《小住南戴河》)

中流击水龙模样，大海原来是我家。

(《渤海畅游感怀》)

休言夜幕能吞梦，一道红霞是曙光。

(《丁亥岁末回首》)

飞鸣如梦期何日？不信流年负我心。

(《东北闲居自题》)

信他前路由天定，无限风光会有时！

(《庐山好运石》)

写实手法具有直面现实的勇气和批判现实的力度：

曾经多少安邦志，寂寞金銮不敢言。

(《正大光明匾》)

时人断壁残垣下,搔首弄姿留影忙。

(《圆明园》)

领回风险补贴款,种子化肥贵两成。

(《农资涨价有感》)

排污暗口知多少,忍看中流难自清!

(《北京运河桥上伫望》)

小胡同口红标语:"共建和谐禁涉黄!"

(《鹧鸪天·西城某区》)

何鹤的以下诗作表现了对社会弱势者的关怀:

街头即景
老槐树下小姑娘,推辆轮车卖豆浆。
自古底层无假日,为谋温饱总凄惶。

大年寄京拾荒者
寒风彻骨不成眠,川北京东两挂牵。
面垢头蓬任寒暑,囊羞票贵怎团圆?
遥闻鞭炮心堪碎,回首家乡眼欲穿。
日历张张撕下泪,旧年方尽恨新年。

《街头即景》的第二句"推辆轮车卖豆浆"是到位的写实手法,这里不需要华美的文饰,重在形象鲜明。《大年寄京拾荒者》的尾联情感强烈。不过,第二句"川北京东两挂牵"不够凝练,且与第六句"回首家乡眼欲穿"意重。作者将笔墨侧重于拾荒者思乡的一面,似可就拾荒者辛苦工作的细节作补充描写,使该作的写实手法更具深度。

写实手法的运用并非意味着对传统的排斥,何鹤的以下诗句别具一种古雅的韵致:

杏花开几度,人醉杏花香。

(《临江仙·赠张文学》)

胸罗九百年前事,付与梁间雨燕声。

(《鹧鸪天·应县木塔》)

波光塔影钟声远，心自清时月自邻。

（《暮饮苏州重元寺》）

一叶梧桐带秋落，满城灯火枕波眠。

（《苏州》）

钟鸣玄武门前事，波映华清池畔妆。

（《西安纪游》）

草芽忽吐山坡嫩，春意重归柳色鲜。

（《再到大运河》）

牵手湖边寻好句，裁云山顶赠伊人。

（《都门记事》）

以下诗作巧致生动，值得玩味：

登香山不见红叶有感

乘兴寻伊到顶峰，茫然回首已成空。
想她窈许层峦翠，不肯分心为我红。

松花江纪行（其一）

草青沙软柳婆娑，撑伞村姑脸半遮。
倒影摇红心荡漾，松江水暖逊秋波。

与焕英、徐玮赏荷未见花开有感

一塘晴翠半连天，断续蛙声飞鹭闲。
且喜伊人堪入画，十分绿处补红颜。

乘地铁有感

本是清高物外身，何堪车水塞红尘？
可怜欲畅平生路，还要甘当人下人。

能古能新，体现了何鹤诗词的综合实力。

第三编

日本汉诗评论

著者与石川忠久先生合影

第一章 斯文不丧畏匡时
——石川忠久其人其诗

一、汉诗"训读法"的利弊

在日本，用汉字书写的中国古典式诗歌被统称为"汉诗"。①随着古代对中国文化的引进，日本人开始模仿中国的古典诗进行汉诗创作。奈良时代的公元751年诞生了第一部汉诗集《怀风藻》；平安时代先后有《凌云集》《文华秀丽集》《经国集》三部敕撰汉诗集问世；镰仓、室町时代的汉诗作者多为学僧，其作品通称为"五山文学"；江户时代伴随德川幕府提倡儒学教育，以儒家学者为中心的汉诗创作日益隆盛，幕府末期维新运动高涨，大批志士以汉诗慷慨抒怀，对社会影响极大；明治时期日本汉诗创作达到了空前盛况，诗社兴起，各大报社均辟有汉诗专栏，以至竟发展到士人以不会作汉诗为耻的程度。

日本人能够阅读汉文，得益于汉文"训读法"的发明。训读法定型于平安时代初期，即通过适当改变语序，对汉文进行日语训诂。汉文中实词部分的汉字基本上能原封不动地保留下来，虚词则转化为与之对应的日语文言助词及助动词表达，从而实现一种对汉文极为精确的解读，不同于如将汉文译成英语时的那种模糊的翻译。千百年来，日本人就是通过训读法自如地阅读汉文的。汉文的训读作为日语，具有语音刚健爽朗的特点，与传统和文的轻柔缠绵风格迥异，对日语及日本文学的发展产生了巨大影响。

日本社会具有接受中国文化的浓厚氛围和汉学研究的长期历史积淀。其汉诗爱好者凭借自身努力，对中国诗文进行孜孜不懈的熟读钻研，逐渐掌握汉诗遣词造句的处理把握之后，便具备了创作汉诗的条件。由于日语语音本身不存在平仄和押韵，他们需要对汉诗中常用字的韵部归属完全死记硬背，不像中国人能够对入声字以外的大部分汉字根据其现代汉语发音进行大致判断。

日本的汉诗人通过汉文训读法诵读、学习中国诗，创作时脑海中以训读文之思维构思诗句，书写时再将其转换成纯汉字的形式，这就是他们作汉诗的程序。所以，我们也用不着对日本人能够作出像样的汉诗感到过于惊讶，因为，简单地说，日本人是用日语读汉诗并用日语作汉诗的，而并非使用其母语之外的汉语进行直接创作。这也是在中国本土之外的其他民族中，日本人的汉诗研究及创作水平相对较高的原因。

历史上，除了阿倍仲麻吕、空海等作为遣唐使或留学生在中国本土居住过的人之外，写汉诗的日本人大多不会当代汉语。因此，出现了一个有趣的现象：日本人能够创作汉诗但不能将之用汉语念出来，仅能诵之为日语训读文。对于汉诗字数的整齐一致，只能得到视觉观看而非实际的听觉感受。汉诗经过训读之后成为每句长短不一的文言自由诗，虽然其作为日语同样具有高雅的格调，但毕竟比不上汉语原文的朗诵效果。日本人欣赏汉诗主要是通过诗句的内容单方面进行。平仄和押韵对日本人来说，纯粹是为了规则的规则，其所带来的抑扬顿挫及和谐的音韵之美，创作者本人无法享受，而中国读者却能够直接用汉语语音来欣赏日本人所作的汉诗。

就是通过训读法这一既简便、精确又有所残缺的手段，日本人经过一代又一代对中国诗文典籍的学习，创造了一个持续了一千三百年的日本汉诗史，一直传承到今天。

二、石川忠久的汉诗作品

读书乐
环堵风凉无点尘，帷前庭草自鲜新。
宁为守拙读书子，胜作功名场里人。

这首诗的作者石川忠久先生，被公认为是日本当代汉诗的第一人。

石川忠久1932年出生于东京。6岁时随父亲的工作调动迁居中国东北，在长春和沈阳相继上了小学。13岁刚入中学时，正值日本战败投降。混乱中流落抚顺，曾有在当地煤厂从事铺轨烧炭工作的经历。次年回到日本，在东京上了中学。15岁起开始学习汉诗，雅号"岳堂"。以后考入东京大学，出于对中国古典诗的热爱，选择了文学系中文专业。毕业后相继任教于日本樱美林大学、二松学舍大学。

在数十年的教学生涯中，石川忠久主要从事了关于中国六朝诗、唐诗及日本江户时代汉诗的研究，著有大量诗文著作，历任二松学舍大学校长、日本汉文教育学会会长、六朝学术会会长、斯文会理事长、国际儒学联合会会长等职。

1992 年石川忠久以学术论文《陶渊明研究》获得文学博士学位。同年，为纪念花甲，出版了汉诗集《长安好日》（东方书店）。2001 年为纪念古稀，出版了第二部汉诗集《桃源佳境》（东方书店）。两部诗集各收诗作近 200 首，体裁以七绝为主，兼收五律、七律等其他形式；内容以访问中国时的作品为主，洋溢着对中华山川、历史的深厚仰慕之情。

石川忠久自 1946 年离开中国之后，由于历史原因始终无法再来中国。直到实现了中日邦交正常化，于 1977 年终于迎来了第一次正式访问中国的机会，对其本人来说"如慰饥渴"。以后，他以平均一年两次的频度，多次率日本汉诗爱好者访问中国，对梦寐的中国名胜进行了亲身探访，所谓"此行不是梦中游，万里来寻似病瘳"（《成都杜甫草堂》）。

"西出长安欲问边，陇山尽处蜀山连"（《秦州途中》），"窗外斜光射醉眸，铁轮西上古秦州"（《夜向天水》），"一欬梦觉白云里，身在洞庭湖上天"（《自重庆向武汉飞机上》），"欸乃声中凌急湍，轻舟一棹入清澜"（《小三峡》），"一百里程春雨里，轻车徐入太湖西"（《宜兴途中》）……这些诗句记录了石川忠久的旅行足迹。据诗集中宣称，中国的著名景致已几乎行遍。

     龙门
   子美重游地，乐天中隐山。
   翠杨烟暖磋，碧涧水潺潺。
   鸟向洛城去，人看伊阙还。
   桥头今古色，伫立忘尘寰。

    子美孔明史迹行
   柳絮秦州路，桐花五丈原。
   临风忆臣节，仰树吊诗魂。
   心怆兴亡变，目娱山水存。
   同游成句后，意惬共开樽。

     白鹿洞书院
   苍树森然古学宫，溪声绕屋自淙淙。
   洞中白鹿留遗韵，犹对檐前五老峰。

文天祥庙
留取丹心土牢里，状元宰相气何扬！
庙前枣树老株在，长指江南天一方。

以上诗作表现了石川忠久对中国文化古迹的向往以及对历史人物的倾倒。
"城中七十二泉水，尽蘸垂杨使染青"（《济南》），"南天门下八千级，三五人从云底来"（《泰山南天门》），"洞天百尺如蓝水，何让西施浓淡妆"（《东湖》），"五更梦觉开窗处，满耳涛声满眼星"（《岳阳舟中》），这些诗句描写了中国旅途的旖旎风光。"田家无有闲人在，护稻终时又插秧"（《庐山途中》），"电光璀璨浦东楼，照出申江来往舟"（《上海月夜》），"如今治水人人力，何让当年大禹功"（《黄河偶成》），"岂止区区峡中景？前途可看葛洲门"（《新三峡歌》），这些诗句则表现了对新中国劳动建设的赞美。

石川忠久诗作的特点是善于捕捉旅途中富于诗意的瞬间，将其生动地表现在七言绝句的转结句中。

江南周游偶成
金陵夜雨惠山风，岂料江南寒未融？
幸有西施湖上柳，多情招我晓烟中。

南台登顶
南顶登来路峻严，寒威凛冽比刀镰。
半途口渴含新雪，一阵天飙拂素髯。

浑源县
貂蝉故里傍浑河，闾巷犹存古俗多。
刀面豆芽鸡黍饭，村娃笑问味如何。

鞆浦保命酒铺
名酿夙知青史中，垆前唯见壁书空。
三间老铺无人管，欲买一瓶寻小童。

第四首诗题中的地名"鞆浦"位于日本广岛县福山市附近,历史上以盛产"保命酒"得名。该作通过描写敞开的酒铺竟无售货员看管的闲散之态,反映了小镇的祥和与民风的纯朴。

送中国某生还本乡

樱花雪里到扶桑,翠柳烟中还本乡。
三岁遍游东海日,一身能负大邦光。
早知商策非通术,犹学倭文存绮章。
功就今宵挥手后,他年堂上见苏张。

送哲儿任之仓敷

自古有为人,多迁江海滨。
他山可攻玉,逝水足修身。
居好风骚地,计仍鱼米津。
洋洋前路阔,羡汝在青春。

第一首是20世纪80年代初期石川忠久对一位中国留学生的留别之作,据诗集中注,"商策"指"四人帮"的极左政策;第二首是送其次子赴任之作,仓敷位于冈山县,是日本古来文化气氛浓郁的鱼米之乡。这两首诗颇具力度,堪称佳作。

三、石川忠久的汉诗活动

石川忠久留白短须,体形略腴,谈吐文雅,面带微笑,言谈举止间自有一种名士风范。北京大学袁行霈教授在为汉诗集《长安好日》所作的序文中,称石川忠久有"魏晋文人"之风貌,"五律工稳中见奇峭,七绝平夷中现性灵"。石川忠久亦工书法,能说一口非常纯正的"北京味"汉语。据其本人介绍,童年在中国东北的生活经历并未使其对中文留下多少印象,中文主要是靠他大学以后自学掌握的。尽管熟知现代汉语,石川忠久仍同日本历史上的其他汉诗人一样,基本是以日语思维来创作汉诗。诗作构思敏捷,经常在旅途中即兴咏出,并以一种富于韵味的声调朗诵出诗作的日语训读。可惜,日本现在像石川忠久这样,能兼汉诗的创作与研究于一身的旧式文人型学者已寥寥无几。

石川忠久致力于汉诗的普及教育及社会推广活动,广赴各地演讲,曾担任讲解,随日本 NHK 电视台摄制组到中国进行了《汉诗纪行》《长江三峡》等节目的拍摄,特别是在"汤岛圣堂"举办的诗会讲座规模较大。汤岛圣堂即东京的孔庙,位于"御茶水"站附近一片绿树浓荫的掩映之中。江户时代第五代将军德川纲吉为振兴儒学于 1690 年创建,至今已有三百余年历史,长期以来一直是日本的汉学中心。1923 年毁于关东大地震时的火灾,以后进行了重建。现在的汤岛圣堂恢复了江户时代的样式,建有大成殿,灰墙碧瓦,肃穆庄严。殿内供奉着中国明末大儒朱舜水赴日时所携的孔子铜像,外园立有高大的孔子石像。石川忠久有《贺圣堂复兴五十周年》一诗赞之:

> 成均经始卜汤冈,洙泗源流入此乡。
> 遗老布风传圣像,诸生立雪望宫墙。
> 人情世态屡迁易,吾道斯文自发扬。
> 再建五旬轮奂美,日东犹见鲁灵光。

1918 年,提倡以孔子为楷模、继承先古学问与文化传统的日本有识之士成立了"斯文会",至今负责着汤岛圣堂的管理,定期举办孔子的祭祀活动并开办面向社会的文化讲座。由石川忠久主讲的"圣社诗会"于汤岛圣堂每月定期举办一次,事先布置诗题,学员以之为内容作诗并提交后,石川忠久在课堂上一一点评修改。这一公开讲座极受好评,始终处于报名者须要等有人退会出现空缺时才能加入的爆满盛况。

这说明日本目前的汉诗爱好者还是大有人在,但同时必须指出,日本汉诗界面临着严重的老龄化问题——诗会的学员是清一色白发苍苍的长者,青年人所占比例极小——这一点与中国诗词界有所相似。

日本当今的汉诗创作,无论爱好者的人数还是整体实力,都与以往不可同日而语。明治时期的汉诗盛况,实际上是承江户时代扎实的汉学教育之余韵。明治维新之后"脱亚入欧"思潮兴起,西学隆盛使得传统汉学不再像以往那样受到重视,其后果很快从大正、昭和时期汉诗的衰落中显现出来。特别是日本战后的教育方针轻视汉文——汉文以往是与英语、数学、国语(即日语)相并列的一门单独学科,现在则被纳为国语课的一部分,授课时间和教学内容均大幅减少,不少私立大学的入学考试都取消了汉文科目——使得学习汉诗文的青年人越来越少。日本社会的整体汉学素养日渐低下,汉诗成为游离于一般日本大众之外的高古的文艺形式。日本近年来社会道德颓废，再见不到明治时期那种民族进取精神，青年一代胸无大志，贪图安逸，很多老一代人都认为这与日本社会长期轻视汉文不无关系。

石川忠久有一首题为《敬挽诸桥止轩儒宗》之作：

开元集贤老，独见后凋姿。
一百春秋足，三千桃李滋。
学承元晦业，文敌叔重辞。
芸阁治坟籍，储宫作国师。
功高赐章下，德厚令名随。
龙化穷阴日，兰枯衰俗时。
杏坛哲人萎，惆怅欲何之？

诸桥辙次雅号"止轩"，生于1883年，得享百年天寿，是巨著《大汉和辞典》的主编，曾任日本皇室的汉学讲习。这首排律格调渐哀，结尾流露了对一代鸿儒谢世及世道衰颓的感叹。

出于这种对汉学衰退的强烈担忧，石川忠久在社会上广为奔走，呼唤对汉诗文的重视，1995年发起各界人士组成了"汉字文化振兴会"。1997年在香川县举办的日本"国民文化节"上，首次将汉诗大赛作为了正式项目。要求的参赛作品为一首七言绝句，共收到来自日本各地1300多首诗作报名，最后一等奖为一位僧人获得。

石川忠久认为汉诗是经过自《诗经》以来无数代人不断开拓锤炼、在唐代取得大成的"世界最高的诗歌"，把陶渊明、李白、杜甫的作品视作理想的极致，强调当代的汉诗创作，应是对这一"风雅之道"的全面继承，反对炫新耀奇，遣词用语讲究用典、出处，在押韵、平仄上保持着清教徒式的严谨。

概观日本当代的整体汉诗创作，内容以表现吟游山水之类的闲情逸趣为主，对时代风云、社会现实的把握则有所不及。这与中国诗词界目前提倡诗韵改革、用诗词反映当代现实的理念有别。远离中国本土，造成日本的汉诗爱好者对中国怀有强烈的慕古之情；不谙现代汉语发音，使得他们不得不依赖于"平水韵"之传统音韵体系。不过，我们虽然路线不一，但目标却是一致的——那就是在当今这个物欲横流、斯文扫地的时代，把从祖先一直传承下来的诗词，作为共同的文化遗产和精神财富继承下去，不让它湮没。石川忠久的汉诗创作、研究及普及活动，正是其欲挽日本汉诗传统衰退之狂澜于即倒的执着体现。最后，引用其《就二松学舍理事长之任有感》一诗结束本章：

> 蓬莱风骨欲何之？恰是千年历数期。
> 五典犹存避秦世，斯文不丧畏匡时。
> 冤禽填海似堪笑，愚叟移山岂可疑？
> 承乏念思先哲业，双松景仰岁寒姿。

【注释】

① 日语中的"漢詩"一词与中文的"诗词"相对应，但二者的语感和实际所指还是有所区别。如本编第四章所指出，在中国，"诗"与"词"相并称；而在日本，相对"诗"而言，"词"开展得少得多。本书将"诗词"与"汉诗"二语分开使用——对于中国古典式诗歌，"诗词"是从中国人角度的称呼，"汉诗"是从日本人角度的称呼，从中日两国共通的角度称呼时，使用"诗词"之称谓。

第二章　"风雅"情调的局限
——评水出和明诗

一、水出和明的汉诗

石川忠久先生为义务指导日本青年一代从事汉诗创作，每月在东京汤岛圣堂定期举办一次以年轻人为主的"樱林诗会"，至今已有近三十年历史。每次由石川忠久根据当月节令事先布置诗题，诗会时，每人分别提交自己关于该诗题的汉诗作品，将其训读为日语文言并翻译成现代日语，随后，大家一起点评讨论。每年4月樱花盛开及年底辞旧迎新之际，还进行"联句"活动——按照统一的韵部，每人构思出单独的七言诗句书写在彩纸上，经过石川忠久调整排序，编为一首柏梁体诗作悬挂起来——颇有重现昔日风雅之情趣。

在樱林诗会的参加者中，就汉诗造诣来论，显然推水出和明为佼佼者，其诗作如下：

春晓
月残帘外五更天，雪里梅花香暗然。
晓雾未晴莺未语，衾中偷得一春眠。

玉阶春月
清宵独酌碧壶觞，小院傍栏桃李香。
醉卧玉阶春月下，不知花影上衣裳。

第一首反孟浩然《春晓》之意，营造了一个宁静的世界；第二首静中有动。

立春晓雨
晓雨轻沾春岸边，浪声不破水禽眠。
依依百朵旧堤柳，吐出一团新绿烟。

这首诗中的"沾"和"吐"字为作者着意使用的诗眼。我尤其欣赏该作的第二句"浪声不破水禽眠",曾询问过水出和明该句是否受到过前人的影响,答曰完全是自己的创意。

圣堂春色
群贤尝集孔林阿,三百春光只一梭。
又落今年杏花雪,偏添夫子像前多。

圣堂秋景
簧庭蛮韵报秋阑,先圣遗风回杏坛。
霜染孔林枫叶色,不如夫子恕心丹。

这两首诗分别描写了汤岛圣堂的春秋之景。第二首的转结句"霜染孔林枫叶色,不如夫子恕心丹"将抽象的情感与具体景物作比,这一手法还运用在其"山居日日无闲事,适意清于秋月光"(《山月照庐》),"浮世自轻于茗烟"(《树下茶烟》)等诗句中。

昼院夏日
松荫古榻竹荫庭,满地槐花如落星。
清昼曝衣人去后,一朱竿上一蜻蜓。

水出和明善于运用像"一朱竿上一蜻蜓"这样,将七言诗句表达为叠用某字之并列结构的"句中对"手法。"十日长霖懒倚栏,笼莺声涩怯微寒。蔷薇香老垂帘外,春梦残时花亦残"(《雨中落花》),"缓步五更晴苑边,踏霜拂月咏凉天。一年两度晓时乐,秋好逍遥春好眠"(《秋晴晓步》),"十顷晴湾一苇航,桡声轻逐白鸥翔。江行自在操舟子,波作摇篮水作乡"(《夏日江行》),"天推众岳帝王位,夏挂云冠冬雪冠"(《山上夏云·咏富岳》),"野鸟无关林影趣,只求甘果不求花"(《村路野桃》)等例皆是。

水出和明的诗作常发挥丰富的想象力。

雨余蜗篆
雨后未成林野娱,门前但患是泥途。
壁蜗似慰我心意,银线巧描山水图。

春城小雨

春暮送郎樱柳边，一双新燕拂枝旋。
城南城北落花雨，尽是妾身红泪涟。

第一首诗对蜗牛的描写饶有风趣；第二首以女性的口吻咏出，转结句通过夸张表现一种悱恻之情。

再如，对于布置的"山月照庐"之诗题，作者没有流于常套，而是想象为自己在梦中与嫦娥共饮。

山月照庐

山阴睡卧碧云丛，月里嫦娥入梦中。
共醉桂花芳酒宴，茅庐忽化广寒宫。

水出和明的诗作目前以七言绝句为主，律诗还起步未久。

海上夏云

夏云东海上，冉冉改姿容。
崩作千重壑，积成万丈峰。
晓舒红芍药，夕卷碧芙蓉。
冀降天花露，枯田喜老农。

熏风渡水

十里洲汀百顷湾，一团云霭四围山。
柳荫风渡梳青发，峰影波涵洗碧鬟。
蟹拂古泥将濯足，蛙呼新雨欲怡颜。
泗儿不识沧浪曲，游泳江潭清浊间。

以上第一首五律的中间两联尚有为凑对仗之痕迹，尾联生动；第二首七律的颔联比喻形象。

水出和明雅号"乐山水"，居住在日本神奈川县藤泽市。上大学时通过旁听石川忠久的课对汉诗产生了兴趣，以后在其指导下不断钻研。大学毕业后在高中任教，现有诗作1000余首，曾出版汉诗集《四季百咏》。水出和明亦自学山水画，举办过个人画展。平时异常勤奋，利用授课工作之余，保持着一年阅读两百本书的速度，目前每天夜里只在书房伏案睡眠三小时。

从以上所举诗作中，可以看出水出和明确实富有诗才。作为从事汉诗创作的日本人，掌握押韵、平仄等规则及诗作的章法、句式并非特别，而能写出优美的意境及缠绵的韵致则绝非易事。水出和明完全不会现代汉语，而他以日语思维构思出的诗句，用汉语诵读时具有一种流畅的音韵。

日本自战后汉文教育受到冷遇，汉诗创作衰退。虽然目前爱好者仍不乏其人，但社会整体的汉学素养和汉诗水平与以往历史时期相比大幅减弱。大多数汉诗爱好者还处在尚未入门或刚刚入门的程度。他们为了完成一首七言绝句，往往需要翻阅类书辞典，索词觅句，做到符合押韵、平仄已是精疲力竭，无法奢谈自由地表现思想感情。诗作能达到一定水准并写出个性的不多。因此，水出和明的存在格外值得关注，在今后继承和发扬日本汉诗传统上，其将扮演重要角色。

二、"风雅"情调的局限与内因

从以上诗作中，可以看出水出和明目前创作的一个特点——既可以说是特点，也可以说是局限——在很大程度上也代表了当代日本汉诗创作的总体倾向，即这些诗作并非来自真实的生活，而是把特定的风雅题材以风雅的方式作了吟咏。它们不是记录自己人生实感的自发式创作，而是以"交作业"的形式，在被布置的诗题之下凭空想象一个遥远、虚拟的古典世界。诗作中登场的主人公，不是一个生活在现实中的活生生的自我，而是一个面目模糊、隔离在中世纪真空世界的文人公子。

作为中国读者，我们原本期待着通过日本人的诗作了解日本的当代风情、日本人的现实生活和思想感情，未料他们的作品比我们的更为传统。仅看这些诗句，也许会产生其为中国古人之作的错觉，并不知作者乃当代人，更想象不到竟然会是日本人！这对于日本的汉诗创作者本人来说，也许正是梦寐以求想达到的境界，然而，从我们的眼光来看，这样的作品不过是模拟古典、空中楼阁式的亚流文学，其艺术高度毕竟有限。

在事先给定诗题的情况下进行创作的"题咏"方式，不便于自由地抒情，易限于思想情趣的观念化和单一化。同时，日本的汉诗爱好者多有一个认识上的误区：觉得汉诗就是以风雅为上，要写传统情调，写优美愉悦的事物；那些世俗的、激烈的、丑恶的题材本身不宜入诗。他们的汉诗作品多抒发悠游山水、吟咏风月的闲情逸趣，鲜有表现时代风云、社会责任的慷慨激昂之志。

这种风雅情调以封建社会小农经济的田园生活为基础，不仅在日本当代的汉诗创作中多见，在我国目前的诗词创作中同样占有相当比重。风雅情调是一种具有深厚文化积淀的传统美学，其本身绝非无益。特别是在当今这样一个快节奏、重压力、让人身心疲惫的现代社会，无疑是一份让心灵回归故乡、得以片刻休闲的清凉剂。如果把诗词作为一项兴趣爱好，一个陶冶性情的雅事，表现风雅情调当然是作者的自由，无可非议；可是，**对于将诗词作为一个严肃的事业、看作是人生搏击的战场、抱着开拓新时代诗词使命的人来说，仅表现风雅情调又是绝对不行的，因为风雅并非我们生活的本质。**现代社会五光十色的面貌、热烈昂扬的时代精神从中反映不出来。实际上，我们所有当代人的生活主流都绝非风雅，风雅只存在于一时的刻意追求之中。

日本当代的汉诗创作偏重于风雅情调有其内在原因。

首先，是历史文化原因。日本文艺自古以来多具有浪漫、唯美主义倾向，而缺乏描写时代和社会的现实主义风格。在日本历史上最受欢迎的中国诗人，不是李白、杜甫，而是白居易——不是白居易的讽喻诗，而是他的闲适诗和感伤诗。奈良时代的山上忆良曾以日本的传统和歌创作了《贫穷问答歌》，平安时代的菅原道真在遭左迁时曾创作过歌咏穷苦劳动者的汉诗。不过，在日本诗歌史中整体来看，这些诗作属于凤毛麟角，文人雅士的风花雪月之作还是占其主流。

其次，是社会环境原因。这就是汉诗在日本当代文艺中地位的下降以及日本社会总体汉学素养的薄弱。汉文以前是日本知识分子共通的教养和必备的知识，可以说是立身求学的基础，现在只是中学语文课本中的部分内容；汉诗以前是最正统和高品位的文学体裁，是士人之间交往应酬的社会工具，现在成为深奥高古、仅为少部分具有高文化素养的中老年人所情有独钟的特殊文艺。对日本人来说，其时代特色和现实生活自可通过和歌、俳句等日本固有的诗型来表现，汉诗并不是唯一的诗歌抒情工具。日本当代的汉诗爱好者多是中国传统文化的倾倒崇拜者，而不是具有独立批判精神的文人作家。

模拟古典、表现风雅情调，一方面与他们对中国传统文化所怀的仰慕之情相一致，一方面大有古人留下的诗作为样板，在创作时便于模仿。对于那些已经步入高龄的日本的汉诗初学者，他们喜爱汉诗本身我们已觉得难能可贵，至于他们愿意写什么情调，具体怎样来写只能随其自然发展。要求他们使用尚不熟练的汉文描写当代事物，也实在力所难及。风雅情调和题咏方式，对日本的汉诗初学者来说无疑是一种简便易行的方法。

因此，日本当代的汉诗创作趋向于风雅情调既顺理成章，也是出于不得已的事。对一般爱好者来言这无可非议，可是，对于一个时代汉诗水平的提升，则不得不说有其局限。

水出和明本人也对此有所认识，在其题咏之作中，从以往完全的虚拟化风雅世界，变为逐渐试图通过导入亲身生活经历及当代题材进行突破。

山中古庙
远登古庙翠微巅，堂下春秋已二千。
圣母犹垂甘露乳，化成松荫一灵泉。

水边杨柳·代泰国人
君去扶桑杳渺中，鱼书十载了无通。
多情柳絮千千片，尽载妾心飞向东。

第一首诗借"山中古庙"为题，描写的是作者旅行参观过的土耳其圣马利亚教堂；第二首借"水边杨柳"为题，描写的是泰国女性对赴日情郎的思念。尽管如此，我们还是觉得这些诗作蒙上了陈旧的面纱，其现实感有所不足。

现在的课题是，**如何培养日本年轻的汉诗人才，以提升日本当代的汉诗创作水平**。时代的进步赋予中日诗词界方便交流的机会，作为日本人，重现当年空海赴长安求学之一幕，到中国学习非常方便。水出和明已经具有汉诗创作的基础，现在完全可以走出风雅情调，从题咏的初级训练中毕业了。把目光投向现代，投向现代人的真实生活，写出具有时代精神的作品。这样，不仅能够成长为日本汉诗新一代的领军人物，在中国的现代诗词史中也能占有一席之地。因为，他具有我们任何人都不具备的生活阅历和知识背景。

我向水出和明建议赴中国学习——首先学习现代汉语，做到能与中国人自由地交流沟通，能用中文诵读汉诗，体会其诗作中文的音韵之美，然后求教于中国当代的诗词名家，锻炼用汉诗歌咏自己现实生活中的真切感受——这需要水出和明毅然辞去公职，放弃多年来的稳定生活，投身于一个缺乏经济收益的全新的学习和创作中去。他失去的是一些暂时的现世功利，追求的则是开拓日本新一代汉诗的永恒价值。我们将以作为汉诗本源国的责任和胸怀，热情地迎接这位来自远方的探索者。

第三章　迎接新时代汉诗发展的机运
——寄稿全日本汉诗联盟成立

全日本汉诗联盟成立大会，2003年于东京汤岛圣堂

　　盼望已久的"全日本汉诗联盟"终于迎来其诞生！这是日本一千三百年汉诗史中划时代的大事！我对石川忠久先生等日本汉诗界各位有识之士的热情和奔走，致以衷心的敬意。作为一位中国的诗词爱好者，能够出席这可谓"千载一遇"的值得纪念的联盟成立大会，深感荣幸。

　　一百年来，中国和日本的诗词均经历了衰退之一途。但是，时代赋予我们的并非仅此悲观之一面，我们不也同时获得了和平的国际环境，交通、通信的进步等巨大恩惠？中日邦交正常化以来，两国的经济技术合作及文化交流日益密切，人员往来愈发快捷。今天，从东京乘飞机至上海仅需两小时；通过传真和网络，诗作可以实现瞬间传送。可以说，中国和日本进行诗词交流，比以往任何时代都变得方便。

　　中国近代以后由于科举考试的废止、五四运动的批判，加之"文革"破坏等原因，诗词被视为过时之物，濒临了未曾有过的危机。然而，诗词本身具有无与伦比的艺术魅力和不可磨灭的生命力，近年已开始呈现出复兴的征兆：全国诗词组织"中华诗词学会"于1987年成立，在其领导下各地的诗词组织开展着活动；中国的诗词爱好者据推算不下一百万人，全国性杂志《中华诗词》的发行量超过了两万份。不过，中国和日本同样也面临着社会整体的汉文素养弱化、诗词在文艺中的地位下降以及诗词爱好者老龄化等问题。关于在今天如何保护传统、怎样用诗词来表现当代人生活的讨论，正在中国炽烈地展开。可以说，中国的诗词现状正处于摸索之中。向年轻人普及诗词的号召与尝试，目前已经开始。这些经验，对日本汉诗的发展也能起到参考作用。总之，今天中国和日本的汉诗，已处于一个"共存、等时"的场所中。我们怀有共同的目标——让诗词这一传自祖先的宝贵传统，在现代不至于荒废。

中国人普遍对日本人创作汉诗这一行为感到不可思议，对日本人投身中国文化的真挚态度，恪守押韵、平仄规则的严谨姿势怀有敬意，很有兴趣拜读日本汉诗爱好者的作品。中国每年举办着多种诗词研讨会和诗词征集活动，热烈期望日本的汉诗爱好者参与并投稿。

想必日本的汉诗爱好者也想了解：在今日的中国有哪些代表性的诗词家和作品。以往，我们缺乏可供相互交流的场所。中日诗词爱好者的交流，基本局限于个人交往，或是特定的地区之间进行。以全日本汉诗联盟成立为契机，今后有望与中国诗词界实现国家组织规格上的交流，以期高效迅捷的信息沟通。例如，可以考虑在各自的机关刊物上开设专栏，系统地介绍对方国家的优秀诗作。

同中国人交流，可以听到中文原声的诗词朗读。日本人自古以来，基本是以日语训读思维阅读并创作汉诗的，从唐诗直到今天自己的作品，均不了解其在中文中如何发音，把押韵和平仄单纯作为规则上的限制去被动地遵守，对其所带来的美化诗句的音韵效果实感不足。然而，对中国人来说，音韵之美是诗词中极为重要的一环——在诵读古代诗作时，通过语音来欣赏其妙味（纵然现代汉语的发音与古代有所不同，但在抑扬缓急等节奏方面，依旧能够很大程度地再现当时的音感）；在自己创作时，以音韵之流畅来推敲诗句。今后，日本人在享受及创作汉诗之际，若能导入"中文发音"这一要素，做到不仅从内容上及视觉上，也能从听觉上领会汉诗的话，则可以说是千年以来日本汉诗史中的又一个划时代的飞跃。

以上，对新时代日本汉诗的机运聊陈己见。以全日本汉诗联盟成立为契机，预祝其发展，愿为今后的中日汉诗交流尽菲薄之力。

第四章 衰退之后的希望

——日本当代汉诗概况及课题

在至今一千三百多年的历史长河中，日本涌现了大量优秀的汉诗作品。汉诗在日本文学史中占有举足轻重的地位，同时，也是中华诗词在海外最大的一脉分支。

我国近年来问世的关于日本汉诗的研究多围绕明治时代以前的历史作品，对日本当代汉诗的介绍较少。本章就日本当代汉诗的活动概况、创作倾向以及当前面临的主要课题等进行综述。

一、全日本汉诗联盟的活动

明治维新之后，日本开始了"脱亚入欧"的转变，西学隆盛使得传统汉学不再像以往那样受到重视。不过，明治时期的汉诗反而出现盛况，诗社兴起，各大报社均辟有汉诗专栏，这实际上是承江户时代汉学传统之余韵。汉诗的衰落在大正、昭和时期显现出来。日本当代汉诗的整体水平偏低，与以往不可同日而语。在这样的时代背景下，当代汉诗的领军人物石川忠久的业绩尤为显著，对此详见本编第一章介绍。

经过多年酝酿，在以石川忠久为中心的日本汉诗界有识之士的奔走呼吁下，"全日本汉诗联盟"终于宣告诞生。

该联盟旨在振兴日本汉诗，推动汉诗的创作、研究与普及，并促进日本与中国及其他国家、地区诗词爱好者的交流，网址为 http：//www. zen‐kan‐shiren. com/。2003年3月21日于东京汤岛圣堂举行了成立大会，共有来自日本各地的汉诗爱好者近二百人出席。大会上石川忠久诵读了其贺诗："时维癸未茗溪春，迎得群贤毕至辰。赓唱二南风雅义，同携四海素心宾。昌平黉里传承古，夫子像前盟誓新。高会从今运长策，相期千载后来人。"

全日本汉诗联盟的办公处即设于汤岛圣堂。联盟由石川忠久任会长，服部承风、伊藤竹外任副会长。服部承风在爱知县主办"心声舍"，诗作如："风帆高举暮云低，飞棹忽过洲屿西。系缆不知何处所，沧波杳渺与天齐"（《泛海》），"天风浩荡爽吾神，叠嶂回岩路几巡。仰看香炉峰顶月，清光万里照诗人"(《庐山途上》);伊藤竹外在爱媛县主办"六六庵吟社",诗作如:"相对嵩山志欲穷,虚心眈宙凝明瞳。结跏趺坐求真谛,面壁九年无我中"(《赞达摩禅师佛画》),"几阅沧桑齐耐难,尽因天佑越波澜。何图激浪黑云疾?万里遥祈四海安"(《海》)。两位副会长分别是日本中部地区和四国地区汉诗界的权威。

全日本汉诗联盟设个人会员和团体会员,10人以上的集体加入作为团体会员。联盟成立之后,很多日本地方上的汉诗组织纷纷以团体会员的形式加入进来。截至2013年3月23日统计,共有正式会员1702人。

联盟采用评议会监督、理事会执行的方式运营,评议员及理事从日本各地汉诗界的有影响人物中产生。目前设有常务理事7名、理事21名、评议员35名及运营委员3名、顾问3名。每月定期在汤岛圣堂举行一次常务理事会,到会者分别将各自分管的工作议题汇报后共同审议决断。众人不计酬劳地为联盟义务服务,多是出于对石川忠久的仰慕。全日本汉诗联盟之诞生,可以说很大程度得力于石川忠久在日本汉学界的威望和长期活动。

此外,在全日本汉诗联盟的支持下,日本各地区的汉诗联盟也相继诞生。经过成立至今的数年发展,全日本汉诗联盟的活动已步入正轨,建立起了一个覆盖全日本的汉诗组织。

全日本汉诗联盟之成立,对日本当代汉诗的发展具有重要意义。改变了以往各个地区大小不一的汉诗团体活动零散、互无交往、信息闭塞的局面,是日本有史以来首次出现的凝聚全国汉诗界力量的统一组织。

举办全国大会、发行会报和机关杂志是全日本汉诗联盟当前开展的主要活动。全国大会每年举办一届,面向会员作年度工作总结、下一年度工作计划、财务报告及汉诗的相关演讲等。继2003年的首届成立大会之后,至今已分别在东京、名古屋市、松山市等地相继举办。

全日本汉诗联盟的会报每季度发行一期,刊载会议报告、地方及海外汉诗活动介绍、会员信息、汉诗讲座连载等内容。机关杂志《扶桑风韵》每年发行一期。负责会报和机关杂志编辑工作的冈崎满义常务理事为日本著名杂志《文艺春秋》的原主编,充分发挥了其在编辑方面丰富的经验和社会人脉,广邀日本文坛及政界、财界的知名人士撰写与汉诗相关的稿件刊载于会报之上,同时,将会报寄赠到包括大江健三郎、渡边纯一、谷川俊太郎等在内的众多日本当代作家、诗人手中,扩大了汉诗在日本社会的影响。

此外,"国民文化节"中的汉诗大赛活动也值得一提:日本从1986年起每年举办一届国民文化节。其中的正式项目早早列入了和歌、俳句等传统诗歌,却一直没有汉诗。经过强烈呼吁,1997 年在香川县举办国民文化节时,首次将汉诗大赛列为正式项目。结果,共收到 1300 多首诗作报名,使得人们意识到汉诗在日本依旧具有一定的群众基础,这也成为石川忠久等人创立全日本汉诗联盟的直接起因。国民文化节中汉诗大赛的继续举办,对日本社会开展汉诗活动亦具有重要意义。

二、日本当代汉诗的传统追慕倾向

全日本汉诗联盟的机关杂志《扶桑风韵》基本上每年 4 月 1 日发行一期,主要刊登面向全日本所征集诗作中的获奖及入选作品。从第一期至第五期的征集题目依次分别为"海"(2004 年)、"风"(2005 年)、"草"(2006 年)、"鸟"或"禽"(2007 年)、"光"(2008 年)。要求参赛者提交一首七言绝句,其中含有该字或内容与该字相关均可。下面,以这五期《扶桑风韵》所刊登的作品为例,来大致了解日本当代汉诗创作的倾向。

在内容上,这些作品以描写四季风情为主,如"二月村郊日渐长,冰融野水满波塘。隔江才听一莺啭,半在春喧半晓光"(三重县·安藤哲男《早春出游》,五)[①],"四林万绿翠溪风,堤畔草青榴火红。蝴蝶不知山野乐,庭中频绕数花丛"(静冈县·山本正巳《初夏即事》,三),"禾穗波摇田圃间,平林围屋一乡闲。夕阳好处芦花影,三五幽禽相与还"(冈崎市·保浦义彦《秋郊瞩目》,四),"半醉微吟小苑东,桂香馥郁度秋风。清光照出千竿竹,翠叶筛金瑟瑟中"(岐阜市·丹羽加奈子《月光》,五)。

有些则借助景物描写,抒发闲适、叹老之情,如"竹树阴浓雨后天,南轩梦醒意悠然。清风一阵凉如水,吹自池塘到几边"(爱知县·富尾智惠《绿阴清昼》,二),"守拙归乡学垦耕,田庐高卧送余生。清宵酌酒赏窗月,爽旦采蔬娱鸟声"(川崎市·古田光子《里居闲适》,四),"故里荒畦野草滋,熏风飒飒拂霜髭。曾骑竹马蒿芦径,争摘青芒作笛吹"(岐阜市·中根三郎《归乡有感》,三),"寒入虚窗晓梦空,吟衣犹见酒痕红。此身愧与春光老,一院落花双鬓风"(瑞穗市·高津正志《草堂惜春》,二)。

描写在中国旅游时的风景之作,如"宿雨才晴秦地天,熏风袅袅麦黄连。老农追豖归村巷,渭水道中鸣杜鹃"(都留市·高山一雄《麦垄远风》,四),"山磴迢迢五丈原,兴亡一梦野花繁。天风如哭亦如咽,诸葛祠前落日昏"(冈崎市·铃木ヤス子《五丈原头》,二),"黄沙卷地一千里,黑雾蒙天几万年。遥望祁连何处所?狂飙吹度古关边"(名古屋市·青木帷风《戈壁沙漠》,二),"断崖遗构热沙东,千佛堂房暗翳中。菩萨婉容灯火下,慈颜绝艳两颊红"(川崎市·三村公二《莫高窟拜石佛》,五)。

描写日本的风景之作,如"险路登来山顶边,双鸢相列碧空旋。惊看药草花千万,时化飘风五色涟"(兵库县·井川彻子《夏游伊吹山》,三),"一条坂路接天长,行到山巅望渺茫。千里草原青尽处,喷烟缭绕覆云扬"(名古屋市·野村朝之助《游阿苏山》,三),"万雷惊浪吐潮香,乱立危礁断岸旁。鹏际云开白帆远,烟波浩荡太平洋"(大分市·森田元久《足摺岬》,一),"归雁成行万里翱,海天一色水滔滔。回头秋暮越前浦,百尺奇岩白浪高"(春日井市·服部敏夫《越前岬》,一),"青松碧海断崖头,万里凉风五浦秋。白鹭遥飞残照里,金波缥缈一归舟"(水户市·铃木あい子《五浦清秋》,二)。

以上诗作均恪守"平水韵"及平仄等传统格律,作者对中国古典诗的知识以及绝句"起承转结"的诗法均具有一定把握,代表了日本当代汉诗创作中相对优秀的水平。不过,从中也不难看出其整体上有所偏向——四季风情、闲适叹老,都是古来常见的题材。作品对时代精神、社会现实涉及较少,没有反映出当代日本人的真实生活。除了描写日本的风景之作尚有特色外,其他诗作整体感觉陈旧,多表现一种风雅情调。对于中国的传统诗词,主要是追慕和继承,发展和创新有所不足。仅看诗作正文,甚至很难想到其出自当代日本人之手。

"怪光一闪广陵冥,鬼火苍茫卅万灵。忌祭流灯杳然去,空江唯见月泠泠"(冈山市·宫前二十二《原爆忌》,五)寄托了对广岛遭受原子弹空袭的哀思,"雨霁风寒离岛前,无云无雾望辽然。讶看精卫填沧海,鹏翼飞翔万里天"(岐阜市·小栗昭夫《秋日过新特丽亚》,四)描写了日本中部地区新特丽亚国际机场的风景——像这样涉及现代题材的作品所占比重极小。

在日本当代,汉诗已成为游离于一般大众的高雅文艺,其爱好者主要是接受过战前教育的老年人。他们对包括古典诗在内的中国传统文化有一种发自内心的亲近感和崇拜感,其诗作偏重于表达一种追慕传统的风雅情调与此有很大关系。石川忠久视陶渊明、李白、杜甫的作品为理想的极致,强调当代的汉诗创作应是对所谓"风雅之道"的全面继承,作诗遣词用语讲究用典、出处,在押韵、平仄上严守传统规范。这一点,同中国当前正在对传统诗词进行全方位的创新改革形成对照。对汉诗的态度,日本反而比中国保守。

三、日本当代汉诗的课题及展望

除上述内容、题材方面的局限之外，日本当代的汉诗创作在语言、知识背景及体裁等方面也存在一定欠缺。

如本编第一章所述，日本于平安时代初期发明了汉文"训读法"，即通过适当调节语序，对汉文进行日语训诂，从而实现一种极为精确又便利的解读。日本人从古至今，基本是以训读为媒介的日语思维阅读并创作汉诗的，并不了解汉诗的中文发音，这不得不说是很大的遗憾。训读法实质上是一种巧妙的翻译，而翻译注定无法摆脱"只达其意、未传其音"的局限。汉诗和谐的押韵、平仄相间构成的抑扬顿挫，只有通过其中文语音的诵读才能得到切实感受。

训读法的精确性及便利性，反而使得日本人对汉诗的中文语音重视不足，自然会对其诗作带来影响，这里因篇幅关系仅举一例说明："竹环茅屋暑<u>威微</u>，燕子补巢梁上归。风细绿阴清似水，青青幽草映书帷"（冈崎市·林芳枝《初夏偶题》，三）之作第一句结尾的"威微"二字，中文发音一致却并非叠语，在听觉上令人难解，这种情况以回避为宜。但"暑威微"三字的训读为"暑威（しょい）微（び）なり"，在日语中"威"（い）与"微"（び）字发音不一，作者完全意识不到在中文中这二字语音重复的问题。

确切地讲，**理解汉诗完全依赖于日语训读，从而造成对汉诗的中文发音缺乏了解**，并非仅是日本当代汉诗的问题，而是日本汉诗有史以来一直存在的缺陷。

在中国，与日本的"汉诗"一词相对应的称谓是"诗词"。千百年来，日本的汉诗创作其实主要是"诗"的部分，与之相比，"词"所占的比重较小。大部分汉诗爱好者对词了解甚微，这同词之句式长短不一、不易训读，其生动灵活的节奏感难以在日语训读中体现出来有很大关系。同样，中国的近现代诗词由于缺乏配有日语训读的介绍，而不大为日本读者所知。日本的汉诗爱好者所掌握的知识背景，主要集中在中国的唐宋诗及六朝诗部分，对宋词及以后的元明清诗词、近现代诗词了解不多，这也是造成其创作在内容、题材等方面陈旧的一个原因。

从体裁来看，日本当代的汉诗创作，包括《扶桑风韵》和国民文化节汉诗大赛所征集诗作以及各种汉诗团体刊行物中的诗作，绝大部分都是篇幅简短的七言绝句。不仅缺乏古风歌行等长篇之作，现在甚至就连律诗都不多见，给人仿佛以"汉诗＝绝句"的错觉。这种创作体裁的单一，是由日本当代汉诗整体水平降低，缺乏宏大的长篇构思以及对律诗中必要的对仗技巧驾驭不够所造成的。

以上，就日本当代汉诗在创作方面之不足略陈管见。其在社会方面遇到的主要困境，是如何在年轻人中扩大爱好者及培养人才的问题，这关系到日本汉诗今后的命运。当前日本的汉诗爱好者老龄化问题严重，绝大部分是70岁以上的长者，年轻人所占比重极小。当然，这也是中国诗词界同样面临的问题。

当前，日本的汉诗创作者队伍据推测约有一万人，而日本的"诗吟"爱好者多达数十万人。诗吟类似于我国传统的诗歌吟诵，其吟诵作品以汉诗为主。日本汉诗界有不少人士呼吁：加强同诗吟界的合作是扩大汉诗爱好者的一个渠道。不过，当前日本的诗吟爱好者也基本是清一色的老人，无法从根本上解决日本汉诗爱好者的老龄化问题。

伴随中国经济的发展和综合国力的提升，有越来越多的日本年轻人开始学习中文。以这些人为对象发展汉诗爱好者，倒是一个可供考虑的选择。他们会讲中文，对汉诗可以在传统日语训读的基础上，同时建立中文思维的理解，比一般日本人更加具备学习汉诗的有利条件。

石川忠久多次批判日本战后轻视汉文的教育制度。汉文现在被纳入日本"国语"课的一部分，教学内容大幅减少。日本的学校教育轻视汉文有着深刻的时代背景——欧美文化成为社会主流，日本已经不再像以往那样以汉学为中心了——这一时代背景在一段时期之内不会有大的改变。

为了提高年轻人对汉诗的兴趣，全日本汉诗联盟正在尝试着各种对策。石川忠久广赴各地中小学作有关汉诗的普及演讲，希望能在听众中培养对汉诗感兴趣者。石川忠久长期任职的二松学舍大学从2007年起开始举办面向日本高中学生、大学生的汉诗比赛，就读于二松学舍大学中文专业的早川太基蝉联了两届"大学生最优秀奖"，其获奖诗作分别为："风吹幽树响清泠，石磴登来憩小亭。翠云生处眺望杳，骤雨过时山更青"（《游山亭》，2007年），"烟笼幽树午寒侵，翻阅古书闲抚琴。向晚山庄绝人语，窗前但听雨淋林"（《空山听雨》，2008年）。像早川太基和本编第二章所述水出和明这样的年轻汉诗人才，在当今的日本实属凤毛麟角。虽然其创作目前还主要局限在追慕传统的风雅题材，毕竟有很大程度的可塑性，他们是日本汉诗今后的希望所在。

显然，**扩大同中国诗词界的交流，是帮助日本当代汉诗走出困境并获得发展的一条重要途径**。

中国近年来出现了诗词复苏的迹象：1987年国家级诗词组织"中华诗词学会"诞生，在其领导下各地的诗词学会陆续成立；每年定期举办着全国诗词研讨会、笔会以及旨在发掘和培养年轻诗词创作者的"青春诗会"等活动；对诗词的音韵、用语、思想等问题进行着诸多大胆的创新尝试，涌现了一批反映时代精神和社会现实题材的优秀作品。这些都可作为日本汉诗今后发展的借鉴。

如上章所述，时代赋予中日两国相对和平友好的国际环境，交通、通信愈发迅捷，以全日本汉诗联盟成立为契机，今后有望实现中日诗词界在国家组织规格上的交流。例如，全日本汉诗联盟的会报和机关杂志在日本的汉诗爱好者中覆盖面很广，可以之为平台开设专栏，系统地介绍中国当代的优秀诗作及诗词信息，让日本的汉诗爱好者及时了解中国最新的诗词动态，参考中国对于时代精神、社会现实的歌咏方式，从而改变目前偏重于表现传统风雅情调的局限。

中国各地出版着各种各样的诗词刊物。日本汉诗爱好者的作品经投稿刊载其中，能获得大量的中国读者，从而激发作者本人的创作意欲。若有机会实现同中国诗词家面对面的交流，能够对汉诗的中文语音获得直观感受，认识到只有在中文的原音诵读中才能真正感受汉诗的魅力。

日本的年轻汉诗人才可以到中国留学。学习中文的同时，求教于中国的诗词名家，融入中国的诗词界，接触中国现当代的优秀诗词作品，把目光投向当代人的真实生活，锻炼创作具有时代精神和社会现实感的作品；同时，尝试运用中文思维直接创作，从中文语音的角度多方位地感悟诗词，在一贯单纯依赖日语训读的日本汉诗史中，这无疑将会是一个飞跃性进步。

全日本汉诗联盟的成立实现了日本汉诗界力量的总集结，为今后的发展提供了基础。虽然，在汉学边缘化的时代背景下，日本的当代汉诗似难以奢望出现较大的复兴，但至少已经走出了衰退的最低谷。曾经的日本汉诗之大河，现在化为一条涓涓细流。不过，只要融入中国诗词的大海，这条细流就不至于干涸，反而能获得真正的质的提高。

【注释】

①括号内的汉字数字表示该作所在《扶桑风韵》的期号，以下同。

第五章 风花雪月的世界

——《扶桑风韵》杂志述评

《扶桑风韵》是日本国家级诗词组织"全日本汉诗联盟"的机关杂志，自 2004 年起每年出版一期，主要刊登该联盟面向全日本征集的诗赛优秀作品。诗赛自该诗联盟于 2003 年成立起开始举办，每年一届，事先布置一字诗题，要求参赛者提交一首七言绝句，其中含有该字或内容与该字相关均可。上章第二节介绍了《扶桑风韵》第一至五期的部分作品，本章就该杂志的第五至七期的内容进行述评，以便读者进一步了解日本当代汉诗的创作水平以及对诗作的评价标准。

一、《扶桑风韵》第五期

该届诗赛的题目是"光"，共征集到 264 首作品，其中 60 岁以下的作者只有 21 人。《扶桑风韵》第五期于 2008 年 4 月 1 日刊行，封面淡红色，共 63 页，按照获奖级别依次刊登了诗赛评选出的"最优秀作品"1 首、"优秀作品"3 首、"秀作"12 首、"佳作"29 首及"入选作品"23 首。

"最优秀作品"是日原传（东京都）的《春日访友》：

> 池塘十里入烟霞，垂柳迎风鸟语哗。
> 儿女争追蝌蚪水，韶光满处是君家。

"优秀作品"分别为"晓夜无分恒复常，幽明不觉渺还茫。孜孜点笔雕章胲，几许为君加眼光"（高松市·武内保正《点字》），"山脚风吹晓雾消，湖心时望小舟漂。半孤放散打鱼网，捕得日轮波上跳"（横滨市·田原健一《晓湖》）[①]，"雨晴云去夜天悠，草露虫声共占秋。皎皎银盘三五夕，清光如昼照诗愁"（今治市·山本节美《中秋赏月》）。

"秀作"，如"丽日雨晴花貌新，香霞映水绿杨津。东皇巧用并州剑，剪取韶光堤上春"（名古屋市·青木帷风《春光》），"秋风飒飒冷衣襟，清夜幽闻蟋蟀吟。偶与邻翁斟酒坐，一天明月照同心"（四日市市·小川忠治《秋夕》），"曈昽曙色满寒房，憔悴病夫醒小床。遥忆山巅日升处，何时复立彩霞光"（东京都·中山正道《晓光》），"烛台蜡尽夜沉沉，念诵操珠虑转深。烦恼盘盘难解脱，光明一脉照吾心"（山梨市·松泽竹治《数珠念佛》），"怪光一闪广陵冥，鬼火苍茫卅万灵。忌祭流灯杳然去，空江唯见月泠泠"（冈山市·宫前二十二《原爆忌》），"甲夜云移天色泠，团团秋月照幽庭。露华忽灿清风动，修竹筛光流似星"（长野市·柳泽久基《凉夜》）等。

　　就我看来，诗赛的获奖及入选作品基本为传统的风雅情调，以下诗作则在内容上具有时代感、现实感或在表达上具有特色。

　　"佳作"中的"往来千载自隋唐，渡海风波少顷狂。彼此山河冰欲泮，穿云才照一阳光"（秋留野市·加惠康夫《中国温宰相来日有感》）表达了对中日关系解冻回暖的希望；"六街闪烁彩灯辉，火树银花满贾扉。却爱野溪无月夜，流萤一点傍林微"（名古屋市·木本久子《城上夜行》）的起承句，描写了现代都市的夜景；"秋夜凭梧世累忘，读诗谙句兴偏长。茅斋架上书千卷，与婿俱分灯烛光"（安城市·若杉清子《偶成》）的转结句，生动地描写了夫妻二人孜孜好学的形象；"星汉西流新雁过，空阶露白月婆娑。芭蕉阴与梧桐影，带得风声凉更多"（神户市·北口昌将《秋夜偶吟》）的转句，运用了并列名词性词组的句法；"雨霁风生春雾消，东君破晓上峰标。似知农叟丰年意，迸散温晖养稻苗"（三重县·棚田幸雄《艳阳》）结句中的"迸散"一词具有力度；"半醉微吟小苑东，桂香馥郁度秋风。清光照出千竿竹，翠叶筛金瑟瑟中"（岐阜市·丹羽加奈子《月光》）是传统的风雅情调，表达成熟，意境优美。

　　"入选作品"中的"晴天郊野野风柔，拾翠寻花乘兴游。忽看古祠光满处，幼孩嬉笑逐鸣鸠"（川崎市·吉田光子《春郊散策》）之结句描写的幼童追逐鸽子的情景具有现代感；"断崖遗构热沙东，千佛堂房暗黩中。菩萨婉容灯火下，慈颜绝艳两颊红"（川崎市·三村公二《莫高窟拜石佛》）之作构成了明暗色彩的鲜明对比；"捏土雕文八十霜，筑波山下一陶狂。今看玉馆绝尘处，五彩花瓶放葆光"（水户市·吉泽南树《板谷波山记念馆葆光彩瓷珍果花瓶》）描绘了日本的彩瓷艺术；"二月村郊日渐长，冰融野水满波塘。隔江才听一莺啭，半在春喧半晓光"（三重县·安藤哲男《早春出游》）的结句使用了"句中对"的手法，颇有韵致；"雨后清宵野水湄，轻衫团扇觅凉宜。昔闻车胤对萤案，明灭微光知不知"（桐生市·三桥文子《萤光》）的转结句，向萤火虫发问是否知道当年车胤囊萤代灯的典故，构思有趣。

诗赛评委由全日本汉诗联盟会长石川忠久、副会长服部承风和伊藤竹外担任，《扶桑风韵》第五期的《作品选评》栏目刊登了三位评委的点评。

石川忠久认为本届诗赛征集到的作品数量不多，总体质量有所提高。诗赛要求作品具有独特的视点或情趣，即使措辞稍有问题，只要构思有趣，能咏出别人注意不到的题材即为成功。《晓湖》的结句奇拔，表现用渔网捕捉跳动于湖波上的太阳，起句中的"风吹晓雾消"为其埋下了伏笔；《点字》的题材有趣，前半采用对仗结构，起句中的"恒复常"略显生硬，不过结句秀逸；《春日访友》虽然题材常套，但转句具有明亮温暖的风趣，可谓成功；《晓光》表达了希望和卧病在床的丈夫重登山顶、沐浴朝阳的愿望，正因为有年轻时的欢乐回忆在，故有一种哀切之情，起句中的"曙色满寒房"之舞台设置较佳。

服部承风认为本届征集的诗作整体水平提高不大，不过，多少有了向上的征兆，诗语选择的慎重程度有所增强；另一方面，依旧能看到一些毫无起色的凡庸之作，甚为遗憾。欲使诗作获得妙趣，须在章法结构上下功夫，特别是不要让转句落入常套，转句奇拔则全诗生动。

伊藤竹外认为本届诗作与历年相比质量有所提高。既然诗题设定为"光"，诗作最好能把光的精彩之处作为余情表现出来——"余情"是指从诗作的字面表达中引申出的情趣。应当避免从诗语类书中抄袭陈词套语，如"洗尘缘""忘暑烦""感慨新""引兴长""一夕欢""慰吾心""气如虹""使人愁"等，一瞥到含有这类词语的诗作即将其归入落选的行列。一首诗中，如果出现的光之种类过多则有重复之嫌。此外，还提到了投稿诗作日语训读的书写规范问题。

第五期的《役员咏草》栏目中，刊登了9首全日本汉诗联盟干事的诗作，如，"半亩墓园尘巷里，先儒碑碣接人家。秋光照映苍苔上，各献一枝黄菊花"（石川忠久《先儒祭》），"天风浩荡爽吾神，叠嶂回岩路几巡。仰看香炉峰顶月，清光万里照诗人"（服部承风《庐山途上》），"故友携来绿玉光，家人剖得放芳香。喜看果肉如红雪，一嚼甘浆直促凉"（冈崎满义《西瓜》）。

此外，第五期还刊登了我对日本明治诗人土井晚翠的长篇新体诗《星落秋风五丈原》的汉译节选，石川忠久 2007 年于藤泽市所作《读杜甫的反战诗〈兵车行〉》的讲演稿以及自 2007 年 5 月 12 日起开始施行的新版《全日本汉诗联盟规约》。

二、《扶桑风韵》第六期

该届诗赛的题目是"音"或"韵",共征集到 307 首作品。作者最年长 95 岁,平均年龄 72.7 岁。《扶桑风韵》第六期于 2009 年 4 月 1 日刊行,封面淡紫色,共 61 页,依次刊登了评选出的"最优秀作品"1 首、"优秀作品"3 首、"秀作"8 首、"佳作"25 首及"入选作品"22 首。

"最优秀作品"是有我常子(名古屋市)的《闻络纬》:

飒飒秋风入破帷,窗前梧叶叶频飞。
难忘老母暗灯下,络纬声中独补衣。

"优秀作品"分别为"小院绿肥红瘦初,竹帘永日好风徐。数声犬吠闲眠断,知有信箱投寄书"(冈崎市·森下智惠《初夏闲居》),"黯黮暗云低不开,风师吹雨一时来。电光闪烁金蛇迸,连鼓填填振迅雷"(津市·大井喜美子《骤雨》),"炎蒸梦觉忆为兵,耳底仍听当日鸣。现世讴耶泉下哭?可怜短命唤朋声"(东京都·吉田隆《八月十五日蝉噪》)。

"秀作",如"雨霁水田蛙黾鸣,如呼如应响三更。古来高士听无厌,不问官私亲此声"(弥富市·佐藤礼子《闻蛙》),"骚人懒出小斋中,或雨或晴无赖穹。谁解盈庭槿花散?季秋一夜不闻风"(北海道北广岛市·横内浩造《秋杪闲居》)等。

"佳作",如"西郊雨过细风清,凉入草堂闲梦惊。日暮空庭蝉噪后,不知何处一蛩鸣"(三重县菰野町·安藤哲男《新秋即事》),"眼疾旬余赖杏林,病床起伏意消沉。良宵无酒无窗月,箕踞唯听过雁音"(东京都·植田耕作《眼疾》),"洿洿膏露滴衡宇,细细香风入绣帷。春夜闺中孤枕冷,梦醒坐听雨声微"(爱知县东浦町·冈户文子《春夜听雨》),"雨余堤畔露沾裳,新柳摇风媚夕阳。苇拥系舟春水迅,林笼断霭暮钟长"(岐阜市·佐藤武司《野塘》),"春畦如海麦苗青,风摇菜花村路馨。丱女唱歌追粉蝶,绣鞋印处响铃铃"(岐阜市·丹羽加奈子《丱女追蝶》)。

"入选作品",如"三伏溪村消夏游,绕亭一道碧泉流。北窗阵阵凉风起,卧听琴音到枕头"(津岛市·赤堀哲雄《消夏溪亭》),"昔听满堂丰丽音,管弦合奏和提琴。往时名匠今安在?寂寂中秋坐夜深"(横滨市·大谷明史《洋乐余响》),"满身流汗奈骄阳,连日炎蒸不可当。嗜嗜噪蝉如白雨,虽无一滴有清凉"(名古屋市·川原田裕子《噪蝉》),"高天一片月微明,银汉西流诗思清。如水新凉秋漾漾,满庭零露湿虫声"(高砂市·正井启良《秋夜》)。

就我看来,本届征集作品中表达生动、富于现代感的作品有所增多。如"佳作"中的"攀登樵径绿阴深,乍听涧溪流水音。落瀑啮岩飞沫处,飒然风起拂尘襟"(丰川市·田中靖则《山中看瀑》)之转结句富于动感,作者以拟人的手法,特意使用了"啮"字;"风度枝头弹宝瑟,流敲石畔奏琼箫。初蛮羞涩吟窗下,我似裁诗韵不调"(今治市·森本虎雄《韵》)以调侃的口吻,将自己的诗韵与大自然的天籁作了对比;"古井水边茅舍东,石床一叶老梧桐。夜来雨洒散清韵,切切小弦深底中"(安城市·若杉清子《古井水》)之结句描写井底的水滴声,视点细腻;"无水无粮不自由,炎蒸洞窟焙乡愁。南溟白骨最多舌,鼙鼓未休方州"(芦屋市·渡边和幸《硫黄岛》)表达了强烈的反战情绪,硫黄岛为二战时期日美两军的激战地。

该届诗赛评委同样由全日本汉诗联盟会长石川忠久,副会长服部承风、伊藤竹外担任,《扶桑风韵》第六期的《作品选评》栏目刊登了三位评委的点评。

石川忠久认为本届征集的诗作整体质量提高,难分优劣,这比征集作品数量的增多更加令人欣慰。《八月十五日蝉噪》所歌咏的"夏蝉"虽然是常见的诗材,但在这首作品中意味深长——蝉声勾起日本二战战败之日的回忆,起句的"梦觉"与转句所表达的"现世讴耶"相呼应,夏蝉的短命之叹与士兵之哀叹相重叠;《秋杪闲居》的结句深沉——晚秋之际槿花无风而自落,令人感到一种诸行无常的情调;《闻蛙》虽然题材常见,但在后半巧用了晋惠帝问蛙声是官是私的典故,富于机智[2];《卯女追蝶》中的"响铃铃"三字巧妙地描写了小女孩可爱的姿态。

服部承风认为本届诗赛可喜的是征集诗作达到了307首,比上期增多了43首。不过,就诗作的内容来看,并未取得太大进步,构思及词汇贫乏之弊未能突破,尚有不少造句粗糙、用语草率、无视语序的作品。要想获得水平的提高,需要从先人的诗集中一首一首地仔细学习其歌咏对象和歌咏方式,忠实地模仿基本造句。另外,列举了七言诗句的主要结构形式。

伊藤竹外认为《扶桑风韵》的诗作征集是全日本汉诗联盟最为重要的年度活动之一,本届共征集到307首诗作,足见大家努力钻研的提高。诗题为"音"或"韵",容易依赖于"蝉声""蛙声""笛声"等旧诗语而落入俗套。汉诗尊重风雅之神髓,俗则不能称其为诗。出现在诗语集中的原本雅词如果过度使用则成俗，报刊中频用的像"伪装""赠收贿""金融破产"等词汇是俗。为了克服俗弊，需要多读前人的佳作。

第六期的《役员咏草》栏目中，刊登了11首全日本汉诗联盟干事的诗作，如"秋晴洛东地，再访入幽林。筒竹音犹邃，庭枫色未深。老来欣此境，少憩试微吟。何必读书乐？暂忘尘俗心"（石川忠久《再访诗仙堂》），"大街一路步逶迤，几处商场几逛过。延伫怪闻游客语，南音喧较北音多"（服部承风《北京王府井大街》），"电视忽传山野荒，谷崩地裂奈无防。两三翁媪乡音叹，家毁茫然仰彼苍"（冈崎满义《岩手宫城内陆地震》），"嵯峨依旧古风存，前有修林近有村。闲选缠绵小仓赋，永传萧瑟定家魂。落英点点青苔路，摇叶翩翩苍木门。蓦地梵钟增阒寂，余音如缕诉黄昏"（金中《至常寂光寺时晚，栅门闭矣》）。

此外，第六期还刊登了题为《为了汉诗的发展各出智慧》的记录文，内容为2008年5月10日于全日本汉诗联盟创立五周年纪念大会上举行的座谈会"汉诗有未来吗？"之嘉宾发言。邀请的六位嘉宾分别是"花水吟社"的松本寿子、"心声社"的远藤徕风、栃木县上野川高中语文教师泽村茂树、福井县汉诗人协会顾问永井龙巳、二松学舍大学三年级学生早川太基、神奈川县汉诗联盟会长中山清，主持由二松学舍大学教授大地武雄担任。大家分别介绍了各自学习汉诗的经历并对汉诗的发展进言献策，就日本汉诗爱好者高龄化的时代背景下，如何让年轻人对汉诗产生兴趣以及增加汉诗指导老师等问题进行了探讨。对于"汉诗有未来吗？"这一座谈会的设问，众人基本持乐观态度。

三、《扶桑风韵》第七期

《扶桑风韵》第七期于2009年10月15日刊行，封面正黄色，共81页，比每年正常的刊行时间提前约半年。这是由于2009年度的日本"国民文化节"中没有设立汉诗大赛项目，于是，全日本汉诗联盟联合日本关东地区"一都六县"（即东京都、神奈川县、千叶县、埼玉县、茨城县、群马县、栃木县）的地方汉诗联盟共同举办了首届"全日本汉诗大会"。第七期作为刊登本届大会获奖作品的特集出版。

大会从2009年4月至6月期间面向全日本征集诗作，要求参赛者提交一首七言绝句，题目为"月"，亦可为自由题，共征集到569首作品。作者最年长96岁，最年少14岁，平均年龄71.1岁。《扶桑风韵》第七期依次刊登了本届诗赛评选出的"特别奖"13 首、"秀作"15 首、"佳作"24 首及"入选作品"28 首。

获得"特别奖"中最高奖项"文部科学大臣奖"的是关谷则（东京都）的《南海月明》：

盛夏风斜南海涯，今宵水畔景尤奇。
几千蟹卵染波赤，满月在天潮适时。

其他获奖作品依次如下："雨霁皇都仰晚天，纤纤钩月泛如船。遥知故里梯田上，多少小舟摇细涟。"（全日本汉诗联盟会长奖，东京都·中山正道《梯田月》）"卷尽风帘月一钩，阶前寂寂露华浮。休言老衲无知己，占断清光山寺秋。"（东京都汉诗联盟会长奖，名古屋市·村濑和彦《秋夜山居》）"陋巷黄昏若下帷，天沿狭径月逡窥。贫家亦有中秋夕，敞幌通晖睡二儿。"（神奈川县汉诗联盟会长奖，小田原市·若林海司《陋巷中秋》）"蓼花楚楚寂荒园，古驿天边月一痕。谁慰送秋人亦老？江湖红尽夕阳村。"（千叶县汉诗联盟会长奖，高崎市·上村和男《奥只见看秋月》③）"一雨一晴秋至初，炎威渐散野人居。开窗月影破云皎，可听虫声可味书。"（埼玉县汉诗联盟会长奖，西条市·森高久男《新秋闲居》）"白絮敷琼壑若沙，同云去尽玉蟾斜。回头疏影缀珠蕾，清冽争妍雪月花。"（茨城县汉诗联盟会长奖，大分市·宫冈成夫《雪月花》）"漠漠沙场行路艰，天涯万里隔人寰。两回圆月望边塞，往昔征蓬忆玉关。"（群马县汉诗人协会会长奖，多治见市·河田升平《玉门关客中作》）"寒威凛烈冒衾前，风响敲轩断快眠。乍怪未晨闺牖皎，玲珑既望占中天。"（枥木县汉诗联盟会长奖，柏市·薄井隆《寒月》）

大会此外还设有"全日本汉诗联盟会长奖励奖"两名，分别为"东都城里客中秋，陋巷索居微禄羞。故国不归知几岁，半窗弧月照低头"（直方市·增冈康毅《贫居对月》）及"淡淡银河木末流，新凉一夕月光幽。老来旧友年年尽，独坐风檐转感秋"（富冈市·森平利政《观月感秋》）；"青年奖励奖"为"杜鹃一叫诉冤鸣，游子何堪故国情！庭树阴阴孤月下，客心寂寂夜三更"（坂井市·中田澪《客中闻鹃》）；"海外奖励奖"为我的"客中为客到西洋，青草碧湖红瓦房。桉树孑然庭院立，清宵月下忆扶桑"（《悉尼月夜》）。

"秀作"，如"行寻野寺暮钟时，一院萧条幽草滋。花落香销三月尽，池塘雨静柳枝垂"（爱知县·冈户文子《暮春》），"檐月梅窗万籁沉，小斋翻帙夜寒侵。谁怜寂寞孤灯下？凭几独驰千古心"（横滨市·小林荣一《读书偶感》），"初伏湖村带落晖，汀葭靡靡水风微。闲看杨柳渡头晚，万顷金波一棹归"（江南市·高田不二夫《晚步追凉》），"金风瑟瑟暗凉流，落叶空庭露自幽。长夜剪灯书可读，虫声满地一帘秋"（高滨市·竹内明美《新秋夜凉》），"月照燕京城里秋，胡同檐瓦冷光浮。贾人揭烛煎新栗，行雁一声湖水头"（东京都·日原传《燕京秋夜》），"桂花馥郁草虫鸣，良夜阶庭宜满觥。醉里风来凉万斛，壶中酒尽月三更"（东京都·松村仁一《郊居秋兴》）。

"佳作"，如"净池雨过起熏风，坐领清香栏角东。我对红莲莲对我，虚心相照晓光中"（一宫市·岩崎昤子《看莲花》），"澄天一碧玉轮浮，旧识山川入两眸。北马南船人自老，今年才弄故园秋"（鸟取市·小林忠志《挂冠看故园月》），"过雁数声天一涯，赋归游子不眠时。殷勤最是床头月，半夜穿帘照鬓丝"（四日市市·田中久治《秋夜对月》），"夜樱烂漫古城旁，胧月婵娟作淡妆。人去风来花满地，荣华一刻是无常"（水户市·飞田光浩《古城春色》），"小院青苔含露明，夜来风雨未全晴。史书读罢纱窗下，默坐只听檐滴声"（四日市市·广濑百合子《春窗对雨》），"婵娟月色破林峦，雪霁幽溪玉骨寒。即仿子猷怀故友，良宵独欲棹清湍"（秦野市·水城まゆみ《偶成》）。

就我看来，"佳作"中的以下诗作富于时代感，颇为生动："电掣半天雷鼓喧，沛然白雨逐风翻。市人宛似败军蚁，地底街头相竞奔"（名古屋市·木本久子《骤雨》），"地底"一词可理解为城市的地铁通道。"樱花烂漫引春阴，阿母装成惠爱深。翁媪嘻嘻出门送，胸前名札灿如金"（观音寺市·高嶋睦德《孙入学有感》），日语中的"名札"一词指姓名卡。"春晖粲粲万般苏，烂漫樱花映日殊。就学垂髫戴黄帽，喃喃亲倚似新雏"（静冈县·花田裕《阳春遍》）描写了日本春天小学新学期开学时的情景。

"入选作品"，如"潺潺江水涵樱蕊，袅袅堤风梳柳条。花荫无人惟有月，月前独酌影方娇"（土浦市·菅井和子《樱堤对月》），"幽人散发抱琴来，流水高山实乐哉！却爱无风无月夜，弊庐避暑共倾杯"（都留市·高山一雄《饮酒》），"凛凛同云覆路人，忽来野雪满衣巾。掌中玉屑溶如泪，自恨怀乡万里身"（吉川市·中木浩子《雪》），"嫩绿为帷草作茵，树荫深处读书频。清风如水人如士，尽日悠然拟逸民"（大垣市·日比野富美子《绿荫读书》）等。

本届诗赛评委由全日本汉诗联盟会长石川忠久，副会长伊藤竹外、服部承风，东京都汉诗联盟会长窪寺贯道，神奈川县汉诗联盟会长中山苇舟，千叶县汉诗联盟会长鹫野翔堂，埼玉县汉诗联盟会长藤井明，茨城县汉诗联盟副会长吉泽铁之，群马县汉诗人协会会长关箟风，枥木县汉诗联盟会长须永美知夫，御茶水大学名誉教授佐藤保，北海道大学名誉教授松川健二共12人担任。《扶桑风韵》第七期的《作品选评》栏目中，刊登了三位评委的点评。

　　石川忠久认为本次大赛所征集的作品整体水平提高，难分优劣。决定诗作优劣的要点如下：（一）表达熟练自如，不生硬，不使用生僻的语言，通过假托或比喻歌咏事件、人物，使作品获得深味；（二）发现新的题材，歌咏别人注意不到的事物使作品引人注目；（三）即使是常见的题材，只要切入点崭新亦可；（四）为了提高结句的总括效果，应当在作品的前半部分设下伏笔，让起承二句配合结句；（五）巧妙使用双声、叠韵、叠字词等，能够有助于使得节奏流畅，当然这类词语在一首诗中不宜过多使用，大致标准在二语以内。作为获奖作品，《南海月明》题材新颖，表现了涨潮时数千只蟹排卵染红了海水的风景；《梯田月》切入点崭新，将"钩月"比喻成船，歌咏很多只小舟泛于梯田之中的构思有趣；《燕京秋夜》品位高雅，描写贾人在月光下的胡同里煎新栗的场景，结句点缀以雁声，表现了令人怀念的老北京情调。

　　伊藤竹外认为本届大会以日本各地区的汉诗联盟相继成立为背景，共征集到569首诗作，与以往相比取得很大前进，值得庆贺。当前最为重要的是，全国各地的汉诗指导者要愈发进行钻研以及培养下一代的汉诗带头人，通过审查投稿诗作可见这并非易事，其中大部分只是为了符合平仄要求的平庸之作。建议汉诗初学者注意用字，避免犯孤平及句尾三字均为平声或仄声，当一个字既属平声又属仄声时，其意义有所不同；中级者要注意避免单纯从诗语集中选词凑句，造成诗作整体流于平庸，避免使用如"吟情动""感怀生""无限情"等缺乏诗情的语句；要想达到上级则须择良师，同好友相互切磋学习，多投稿并参加诗歌活动。所谓"孤掌难鸣"，只有增进交流才能振兴汉诗事业。

　　窪寺贯道指出征集诗作中有一些汉语词汇的误用：将"明月"写成"名月"；"天"字用成"空"字；将"彩"字用成表示"装饰"之意的动词；"秧田"意指培植水稻秧苗的田地，有些人将其作为"稻田"之意来使用；等等。

　　第七期的《役员咏草》栏目中，刊登了18首全日本汉诗联盟干事的诗作，如"忽听聘征前度刘，匆匆直向建康秋。钟山啼鸟秦淮月，待汝再来期雅游"（石川忠久《送某生再赴金陵》），"禅庭露冷绝纤尘，登阁开樽道味新。清夜不分天与地,人看月处月看人"(服部承风《宝楼观月》),"玉兔在天偏皎皎,银蟾浮水一晶晶。婵娟如竟乾坤里,风起忽看波碎明"(菅原有恒《月》),"骚扰帝都忧虑深,遥思阿子夜沉沉。上帝新月悬天半,相隔云烟千里心"(野中秀伟《秋夜感怀》),"北斗高煌碧水平,飞鸿一阵月逾明。静流泛舸西陵峡,明月秋风夜二更"(吉丸克己《夜泊西陵峡》)。

此外,《扶桑风韵》第七期还刊登了石川忠久的演讲《日本人的汉诗》全文。

以上,对《扶桑风韵》第五至七期的主要内容作了介绍。总体来看,其中的获奖诗作达到了一定的水准,不过,这些作品多表现风花雪月的世界,还是较多停留在了传统式风雅情调的层面。能否涌现出反映日本当代精神风貌和社会现实的力作,是衡量日本当代汉诗获得本质提升的重要标准。

【注释】

①在该作中,"跳"字作为下平声的"二萧"韵使用。

②"晋惠闻蛙"的典故见于《晋书·帝纪四》:帝尝在华林园,闻虾蟆声,谓左右曰:"此鸣者为官乎,私乎?"或对曰:"在官地为官,在私地为私。"

③"奥只见"为日本地名,位于福岛县与新潟县境。

第四编

现代诗词朗诵

著者于东京"金中汉诗朗诵会"作唐诗朗诵

第一章 诗词朗诵在现代的意义

——记日本首次"汉诗朗诵会"

一、朗诵会的构想及准备

2004年10月22日重阳节夜晚,我在东京举办了一次专场"汉诗朗诵会"。对我个人来说,这是难忘的火热青春之一页;对诗词事业在当代的发展,也许也是一次有意义的尝试。

中国的古典式诗歌在日本被统称为"汉诗"。以前,我一直对日本人能写汉诗感到不可思议。这几年通过接触了解到:原来,日本人始终是用日语思维阅读并创作汉诗的。通过适当调节汉诗的字词语序,并将其转化为日式读法的训读过程,能够非常精确地传达汉诗的内容。不过,遗憾的是,与此同时,汉诗固有的音韵之美消失了。千百年来,绝大部分日本的汉诗爱好者其实完全不了解汉诗的中文发音,对此详见上编第一章论述。

作为广义上的"诗歌",只有从原文才能感受其真正魅力。训读实质上是一种巧妙的翻译,而翻译注定无法摆脱"只达其意、未传其音"的局限。汉诗诗句工整,押韵和谐,平仄相间构成抑扬顿挫,这些需要通过中文语音的诵读才能得到切实感受,就好像莎士比亚的诗歌、戏剧,听英语原文最为精彩一样。

2003年全日本汉诗联盟成立,标志着日本汉诗步入新的历史时期。在其机关杂志《扶桑风韵》的创刊号上,我提出了日本人今后在接触汉诗时,有必要了解其中文发音,从视觉与听觉上多方位地感受汉诗,为日本汉诗带来质之飞跃的建议。该文原用日语撰写,其中文翻译为上编第三章内容。

为了将这一观点付诸实践,我时常在考虑用何种方式能将汉诗"原汁原味"的音韵魅力传达给日本人。日本千百年来一直缺乏使用中文诵读汉诗的习惯,汉诗爱好者平常很少有机会听到汉诗的中文发音。不知不觉,我萌发了在日本举办一场"汉诗朗诵会"的构想。

我从1岁起,在父母的启蒙下开始背诗。逐渐按照自己的领会,摸索出了适当拖腔拉调的诗词朗诵方法。1983年西安市举办面向全市中小学生的大型唐诗演诵比赛,当时我小学二年级,以背诵白居易《长恨歌》等诗作获得了一等奖。后来一段时间在西安的中小学作过朗诵表演。随着年龄的增长,对诗词作品的内涵有了较之以往深入的了解,朗诵自感尚可胜任。

举办汉诗朗诵会,在日本属于"破天荒"之举。这并不仅是登台朗诵之行为本身,还需要解决场地、舞台、布置、宣传、组织等一系列综合问题,准备工作繁杂。首先,我的这一设想能否得到别人的理解,有没有观众愿意到场均在悬念之中。

南云正子女士是我所教中文班的课代表,数年来对我的成长一直抱以母亲般的关怀与支持,以她为中心成立了日本"金中后援会"。南云女士认为这是很有意义的文化活动,与其全家一道,热情地承担了朗诵会繁重的后勤工作。我们将会场定于东京北区泷野川会馆一楼大礼堂。

浅野利昭先生退休前为东京芝浦工业大学德文教授,平时向我学习围棋和诗词,是我重要的精神知己之一。浅野先生鼓励我放开手脚,像歌德那样,以积极的行动挑战自我,向大诗人的目标攀登。东京"安桑布尔"剧团以上演德国布莱希特的戏剧知名,其剧本翻译主要出自浅野先生之手。他带我到该剧团咨询舞台事宜,并让照明师亲自来到朗诵会场勘察,为我出谋划策四处奔走。

当我将朗诵会的计划向全日本汉诗联盟理事会提出时,众人给予了大力支持,决定朗诵会以"金中后援会"主办、全日本汉诗联盟协办的形式举行。会长石川忠久先生在百忙中特意撰写了《期待金中君的朗诵会》之推荐文。文中称:"中文是世界上最富音乐性及优美音调的语言,本身适合朗诵。金中君从小即亲近汉诗并予以背诵,此次朗诵会想必能听到'金中调'的醍醐味。"2004年10月1日发行的汉诗联盟第六期会报上,大量篇幅宣传了这次朗诵会。因为是首次,朗诵会究竟是何种形态、能否成功其实并没有把握。大家的积极支持,完全是出于对我的信任。

中山荣造先生向其主办的"葛饰吟社"全员广为号召出席这次朗诵会;石仓秀树先生为我在网络上宣传;居住在大阪的冈前清先生看到汉诗联盟会报上的介绍后致信与我,预祝朗诵会成功,并希望以后能有机会在大阪举办;朗诵会需要十多位工作人员,负责来宾登记、疏导等各种杂务,我熟悉的中国留学生和日本友人在得知后都自愿帮忙,声援我的活动。

众人对我这年轻人的冲动报以极大理解和热心支持,使我在异国他乡深深感受到了友情的温暖。他年回忆,这些将化为一笔珍贵的精神财富。

第四编　现代诗词朗诵

我聘请仁木恭子女士担任本次朗诵会主持。仁木女士为日本专业播音员，并从事着戏剧演出工作，日语音质优美，主持自然生动。平时我向其学习日本诗歌的朗读。朗诵会中，在我用中文朗诵之前，先由仁木女士对诗作进行简要说明并朗诵其日语训读，同时，工作人员将预先制作好的诗作文字幻灯片打到舞台背景上，让不懂中文的日本观众事先了解我将要朗诵的内容，以便取得较好的欣赏效果。

朗诵会的准备活动从2004年8月末紧锣密鼓地展开。在迎着各种问题并逐一解决的过程中，我感到一种充实。由于兴奋的缘故，度过了不少不眠之夜。我切身了解到举办一场演出晚会，不知要付出多少幕后的准备工作，为台下观众所不知。通过举办汉诗朗诵会，有了一次珍贵的人生体验。

二、朗诵会的进程

朗诵会共两小时，分上、下半场，各50分钟，中间20分钟休息。我主要从为日本汉诗爱好者熟知的角度对朗诵诗作进行了筛选，并根据作品的感情基调，配以适当的中国古典音乐。包括主持人的日语解说在内，每首诗作的用时必须精确计算。朗诵会的具体进程如下。

上半场首先朗诵孟浩然《春晓》、王维《竹里馆》、李白《静夜思》和柳宗元《江雪》四首五言绝句——值得一提的是，《静夜思》第一句和第三句的文本在日本一般分别为"窗前看月光"和"举头望山月"，保持着这首诗作的原始形态；中国的文本从明朝万历年间起，加着重号的两处均作"明"字。接下来是七言绝句，朗诵李白的《早发白帝城》《黄鹤楼送孟浩然之广陵》《春夜洛城闻笛》《望庐山瀑布》《山中与幽人对酌》五首，其次是王维《送元二使安西》、王翰《凉州词》、王昌龄《芙蓉楼送辛渐》、张继《枫桥夜泊》、杜牧《江南春》和朱熹《偶成》——《偶成》一诗全文为："少年易老学难成，一寸光阴不可轻。未觉池塘春草梦，阶前梧叶已秋声。"不过据考证，这首绝句实为日本的禅林僧侣之作，明治末年假托以朱熹之名，编入了日本当时的汉文教材。至今大部分人都视其为朱熹所作的劝学诗。

在请全日本汉诗联盟常务理事窪寺贯道先生登台介绍汉诗规则之后，诵朗白居易的诗作——白居易是对日本平安时代文学影响最大的唐朝诗人——《长恨歌》朗诵用时约9分钟，作为上半场的重头戏。接下来的《香炉峰下新卜山居，草堂初成，偶题东壁》一诗全文为："日高睡足犹慵起，小阁重衾不怕寒。遗爱寺中欹枕听，香炉峰雪拨帘看。匡庐便是逃名地，司马仍为送老官。心泰身宁是归处，故乡何独在长安。"白居易这首七律的颔联为平安时代清少纳言的随笔集《枕草子》所引用，在日本非常著名。

上半场的剩余时间朗诵日本诗歌的翻译。与汉诗在日本长期以来广为流传相比，日本的古典文学在中国介绍得不多。首先，是两首和歌作品——和歌是以日语"57577"音形式表达的日本传统诗歌，历史悠久，其翻译中国学界尚无定论，我近年提出了以两个七言句加一个三言句的翻译形式，是与和歌原文节奏较为对应的直译法。

我将阿倍仲麻吕的和歌代表作译为："望长空、料知应是，春日境、三笠山巅，旧明月。"阿倍仲麻吕为国人所熟悉，这首和歌据传是其侍唐时怀念故国之作。"春日"是地名，相当于今日奈良市一带。西安兴庆公园内设有该作的诗碑，用的是五言绝句形式的意译法。另一首译的是藤原定家的作品："环望处：樱花红叶皆无迹，海岸茅庐日暮秋。"藤原定家为镰仓时代著名的和歌诗人，这首和歌是表现其幽玄美学的代表作。

最后朗诵明治时期诗人土井晚翠的《荒城之月》一诗。这首作品经谱曲在日本广为传唱，我用七言诗的形式将其翻译如下：

    高楼春夜张花宴，对酒传杯光泛艳。
    千载松枝透月辉，昔时素影今谁见？

    肃秋军阵寒霜覆，嘹唳归鸿清可数。
    剑树枪林照月辉，昔时素影今何处？

    荒城此刻中宵月，光耀为谁依旧生？
    断壁残垣唯蔓草，松间哦唱只飙风。

    清辉天上无盈缺，人世荣枯成代谢。
    映照娟娟直到今，呜呼夜半荒城月！

下半场首先朗诵杜甫的律诗：五言选《春望》，七言选《登高》《客至》《登楼》《蜀相》四首。

与歌咏诸葛亮的《蜀相》相衔接，接着朗诵土井晚翠的最高杰作《星落秋风五丈原》诗作的翻译。该作以诸葛亮六出祁山、病殁于五丈原的历史故事为主线，穿插三顾茅庐、火烧赤壁、白帝托孤等回忆，对诸葛亮为兴复汉

第四编　现代诗词朗诵

室鞠躬尽瘁的忠义作了热情讴歌。已故早稻田大学松浦友久教授所著《诗歌三国志》一书对《星落秋风五丈原》进行了详细解说。其中文译由西安交通大学出版社出版，我担任了此诗的翻译。《星落秋风五丈原》全诗较长，共七章349行，约为《长恨歌》的三倍。因时间关系，选取此诗的终末二节朗诵。

　　　　呜呼五丈原秋厉！夜半风狂寒露泣。
　　　　银汉清兮星宿高，尽蒙一色为神秘。
　　　　天地微茫光亮时，触生无量感怀思，请观"无限渊"前立。
　　　　功名早晚梦无声，莫消逝者仅真诚。
　　　　殚精竭虑献生年，成否超然自任天，魂兮长逝别人间。

　　　　尊贵崇高无复比，"数奇"当谢苍天意。
　　　　煌煌青史来相照，管乐区区安足拟？
　　　　伯仲之间见伊吕，"万古云霄一羽毛"，鸾凤翱翔千仞高。
　　　　在草庐兮为卧龙，纵横四海龙飞旷。
　　　　悠悠千载今犹是，赫赫英名诸葛亮！

接下来，朗诵杜甫《茅屋为秋风所破歌》和李白《蜀道难》两首古体诗，中间请全日本汉诗联盟常务理事住田笛雄先生登台介绍了该联盟的活动情况。之后朗诵我的自作，从三部留日诗词集中各选一首：

　　　　　　　咏菅原道真
　　　　菅公清质复谁伦？喜怨还同白氏亲。
　　　　玉洁情操犹胜雪，锦华文采自通神。
　　　　繁都月色来新梦，孤岛钟声伴老臣。
　　　　寄语东风相问讯：梅花无主莫忘春！

菅原道真为日本平安时代著名诗人，后被尊为日本的学问之神，诗风近于白居易。其晚年遭谗言左迁大宰府，该作的后半部分歌咏此事。

　　　　至常寂光寺时晚，栅门闭矣

嵯峨依旧古风存，前有修林近有村。
闲选缠绵小仓赋，永传萧瑟定家魂。
落英点点青苔路，摇叶翩翩苍木门。
蓦地梵钟增阒寂，余音如缕诉黄昏。

常寂光寺位于京都嵯峨野小仓山山腰，寺中有纪念藤原定家的歌仙祠。藤原定家晚年静养于小仓山庄时，曾选古今百位著名和歌诗人之作各一首。这些作品后世被统称为"小仓百人一首"，在日本脍炙人口的程度相当于中国的《唐诗三百首》。该作的颈联描写了我当时透过关闭的寺门看到的宁静景象。

抒情小夜曲
清辉窗下盈盈女，遥寄深情深几许！
柔如细柳醉东风，浓于芳草吸春雨。
欲将此意对伊传，奈何难吐为言语。
聊做孜孜一纺工，织我相思千万缕。
协奏融圆吉他声，合作清凉小夜曲。
愿此歌声达彼心，再蒙皓月弥天宇！

我的这首古体诗受到日本当代歌手佐田雅志的歌曲影响，参见本书第一编第二章介绍。

最后，朗诵陶渊明的《归去来兮辞》，呼吁像陶渊明回归故里那样，回归诗词这一中日共通的精神故乡。

三、朗诵会的意义

经过数月的各方面准备，终于迎来了朗诵会的夜晚。共有近二百名观众到场，除了一部分来自中国大陆和台湾的华人外，主要是中老年日本人。

我站在舞台前方，从剧场顶部一束圆光打来。周围整体灯光放暗，台下观众席鸦雀无声，中国古典音乐徐徐响起……在这种沉静的气氛中，我全身心地投入朗诵，沉浸在诗作的感情世界里。朗诵间隙，观众报以热烈的掌声。

经过自己的构思和努力，在日本举办汉诗朗诵会的梦想终于成真了！小时候从父母口中一句句喃喃学语背下来的唐诗，经过若干年后，以一种铿锵有力的声音传递到了异国。我作为一个中国传统文化的载体，把诗词的魅力展现给了东洋的汉诗爱好者，让他们亲耳感受到了中华文化的博大。

朗诵会按计划顺利进行。在结束时的致辞中，我讲诗词是中华文化的精华，中国人世世代代在诗词的熏陶下成长，希望借此机会，使大家对中国和中国文化抱以好感。

在问卷调查的反馈中，很多人盛赞汉诗、汉语的音韵之美，有人表示更加喜爱中国了。大家一致对这次朗诵会给予好评，希望今后能继续举办下去。石仓秀树先生作《倾听金中先生朗诵有感》绝句二首："满堂无酒人都醉，神采飞扬鸣凤箫。婉转雄浑亦悲慨，千年风韵破风涛。""青云渡海到蓬莱，鸣凤清姿立舞台。千载佳篇吟诵处，华风吹彻万红开。"

朗诵会间隙播放了一段我 4 岁时背诗的录音，以说明中国家长教小孩背诗的传统，同时表达我对父母的感激之情。20 世纪 70 年代末，父母高价购买了当时尚未普及的录音机，把我珍贵的童声保存了下来。播放后在台下引起很大反响。日本《朝日新闻》专栏记者秋山贤司先生在其《金中先生与〈星落秋风五丈原〉》一文中，称这一录音"仿佛觉得莫扎特儿童时代的钢琴演奏亦是如此"。

朗诵会迈出了尝试性的第一步。我认为"朗诵"这一形式在现代具有重要意义，是欣赏和普及诗词的一个有效方法。

在唐代，诗作通过教坊乐人歌唱的形式向大众传播；在现代，也有给诗词谱曲歌唱的作品例，不过较之以往影响相对变小。我国传统中，往往是以"吟诵"的形式欣赏诗词；目前，除个别年长者之外，会吟诵的人已微乎其微。

这里特别一提的是：朗诵会准备期间，当我得知福建省诗词学会顾问赵玉林先生精于诗词吟诵时，冒昧地写信索求资料。赵老时已年近九十高龄，与我素昧平生。特地赶制了其吟诵光盘寄来，完全是出于奖掖后辈的热忱。

在日本，吟诵被称为"诗吟"，使用作品以日语训读的汉诗为主，老年人中十分盛行，爱好者以数百万计，大街小巷很容易看到"诗吟教室"的招牌。我曾学习过数年日式诗吟，在对其多少有所体会的同时，也感到有两点不够理想之处：一是日式诗吟基本为铿锵激昂的腔调，听起来有些单一，诗作情调的柔和与刚健之别体现得不够明显；二是日式诗吟将诗作何处语音拖长、以何种调式吟诵等均以符号的形式明确标出，形成了相对固定的模式，虽然便于初学者掌握，不过，也使得一首作品无论让谁来吟诵都大体相近，自由发挥的空间较小。广义上的诗歌诵读，应当是个人自由灵活的感情宣泄，因时、因地、因人而异，和当时的心态、情绪也有关，似以无固定程式为宜。

不管怎样，在日本学习吟诵很方便，而在我国目前精通此道者太少，一般人很难有条件接触。借此机会，我向那些掌握中国传统吟诵技法的长者衷心呼吁：从保护传统文化的角度出发，尽量将吟诵通过录音、录像的方式记录下来，或传授给喜好诗词的年青一代，千万不能让这一传统湮灭！

在诗词"吟诵"传统衰落的情况下，"朗诵"可以说是一个应运而生的替代方式——这是把各地方言不一的传统式吟诵，转为基于现代普通话发音的朗诵，整体节奏加快，便于当代人欣赏和接受。

诗词在当代的复兴必须走向大众，诗词不应被少数专家所独享。朗诵正是一种沟通诗词与大众的鲜活方式。把诗词通过声情并茂的朗诵，借助录音、录像、电视、网络等现代传媒介绍给大众，让大众直观地感受诗词的魅力，效果远胜于通过书本文字的默读。

作为诗词朗诵者，要切实了解作品的内容和字词发音，把握诗句的情感处理。通过熟读背诵，自然能够间接地起到深入作品精神世界的效果。

为什么在语音和过去已经发生了较大变化的当代，依然还有一部分人墨守着"平水韵"创作？就是因为一味地从知识观念上强调某个字归属于哪个韵部，而忽视了实际的音感效果。**加强朗诵意识之后，诗词创作必然朝着重视字词的现代语音、导入新韵的方向倾斜，这对诗词的整体创新亦将起到积极作用。**

对我个人而言，这次朗诵会是把诗词推向社会、推向世界的一次尝试。不是单纯书斋中的脑力创作，而是组织人力、物力进行的一次全方位投入。是对自己社会力量的总动员，对自我勇气与意志的考验。诗词朗诵会在日本是首次，在中国这样的活动也不多。以后如有机会，我想在中日两国继续尝试。

我的朗诵刚刚起步，希望通过今后的探索，让诗词朗诵发展成为一门独立的现代表演艺术。愿有其他志同道合者一起参与这门艺术，发展更多的听众与观众。我们都将作为诗词文化的传播者，用朗诵奏响诗词在现代复兴的号角！

第二章　诗词朗诵与吟诵的配合
——记日本第二次"汉诗朗诵会"

一、中文朗诵与日语吟诵的并行

2005年10月29日下午，我在东京举办了第二次"汉诗朗诵会"，对诗词的舞台朗诵继续进行了探索。

2004年的首次汉诗朗诵会举办后不久，我同当时观众之一的早稻田大学教育学部高桥良行教授作了长谈。高桥先生是日本著名唐诗专家、已故早稻田大学文学部松浦友久教授的高足，自相识以来一直热心关注着我的诗词活动。

高桥先生对我在日本开展的汉诗中文朗诵给予充分理解的同时并指出：日本人阅读欣赏汉诗离不开日语训读，即使像他这样长年研究唐诗并熟悉现代汉语的人，接触汉诗时最为习惯的还是日语训读思维，例如，对于杜甫《春望》的首句，比起中文的"国（guó）—破（pò）—山（shān）—河（hé）—在（zài）"，还是作为日语的"国（くに）破（やぶ）れて山河（さんが）あり"更能引起发自内心的强烈共鸣；对于不懂现代汉语的大部分日本观众，第一次聆听汉诗的中文朗诵主要获得的是一种新鲜感，他们只能从单纯的汉语音响以及朗诵者的表情、手势中感受汉诗的气氛，无法产生与诗作内容瞬时紧密结合的感动。高桥先生建议今后举办类似活动时，穿插日式诗吟等节目，与我的中文朗诵相呼应，从而使表演内容丰富多彩，避免因为是我的专场朗诵而流于形式单一。

高桥先生关于日本人接触汉诗离不开日语训读的观点，与我通过朗诵在日本推广汉诗中文语音的设想之间其实并不矛盾。推广汉诗的中文语音，是想改变在日本长期以来汉诗仅只通过日语训读来理解的局限，并非意味着对日语训读的排斥。由于千年的历史习惯，日本人理解汉诗显然还是以日语训读为主流，只是希望今后能够对汉诗适当地导入中文语音的要素，形成一种汉日双语并行的二元式理解。

当然，日本人作为一门外语来学习掌握现代汉语，不用说，是要耗费时间、精力的一项难事。有此能力者，可以自己用中文来朗读汉诗；无此余裕者，可以通过聆听中文诵读来欣赏汉诗——方式是多种多样的。作为一种长远趋势,从无到有、从有到多地逐渐加强中文语音在理解汉诗时所占的比重,以建立对汉诗全面、立体的感受。

固然一般的日本观众在听到汉诗的中文朗诵时,无法产生同中国人一样精确的共鸣,只要他们能够从纯粹的音响角度多少感受到汉诗中文的音韵之美,获得"汉诗只有用中文原声来读才最为优美"的直观认识,今后在接触汉诗时产生希望了解其中文发音的愿望,同时,对中国及中国文化怀有更多的亲近感,我的汉诗朗诵会之尝试即有所值。

在高桥先生的建议下,我决定在日本留学行将结束之际,再举办一次汉诗朗诵会,并且加入日式诗吟的表演内容。我拜访了日本的诗吟中心——位于东京虎门的"日本吟剑诗舞振兴会"。矢萩保三事务局长向我推荐了居住在东京北区的该会菊池吟正常务理事。菊池先生在日本诗吟界创立了"吟正"流派,长年从事着诗吟和尺八乐器的教授工作。其夫人为古筝教师,长子亦为尺八教师。菊池一家的友情出演为本次朗诵会增色很多。

利用第一次汉诗朗诵会的举办经验,本次朗诵会同样将会场选在东京北区泷野川会馆一楼大礼堂,以"金中后援会"主办、全日本汉诗联盟协办的形式举行,另外,加入了中国驻日大使馆文化处、东京都日中友好协会、北区文化振兴财团三家单位作为后援。南云正子女士及其全家承担了繁杂的准备工作,朗诵会的进程咨询浅野利昭先生的意见,仁木恭子女士担任主持及汉诗的日文训读朗诵,包括大学同学在内的近十位中日友人作为义务工作人员。《中文导报》《日中新闻》等中日文报刊均对本次朗诵会作了相关报道。众人对朗诵会的热心献策和帮助,通过举办朗诵会与很多日本的中国文化爱好者结缘相识,成为我又一次充实的人生体验。

二、朗诵会的进程

本次朗诵会的时间超过两小时,朗诵诗作在前次的基础上有所调整,分别以白居易的《琵琶行》和《长恨歌》两首长篇作为上半场、下半场的重头戏,具体进程如下。

首先是孟浩然《春晓》、王维《竹里馆》、柳宗元《江雪》和王之涣《登鹳雀楼》四首五言绝句。在请全日本汉诗联盟常务理事菅原有恒先生致词之后,朗诵李白的《早发白帝城》《春夜洛城闻笛》《黄鹤楼送孟浩然之广陵》《望庐山瀑布》《山中与幽人对酌》五首七言绝句。接着朗诵《静夜思》的中日两种文本:"床前看月光,疑是地上霜。举头望山月,低头思故乡"及"床前明月光，疑是地上霜。举头望明月，低头思故乡"。朗诵白居易的《暮江吟》《琵琶行》和张继《枫桥夜泊》之后，请"葛饰吟社"主办者中山荣造先生登台介绍汉诗规则并对《枫桥夜泊》进行解说。中山先生曾在北京就其提案的"新短诗"举办过数次研讨会，为我国诗词界所熟悉。其后，以朗诵我翻译的土井晚翠《荒城之月》结束上半场。

下半场首先朗诵杜甫的《春望》《兵车行》《登高》。2005年正值第二次世界大战结束六十周年，伊拉克等地依旧战火纷飞，通过《兵车行》表达亘古至今对战争的控诉。《登高》的朗诵之后，菊池吟正先生身着和服登台，在其夫人和长子的古筝、尺八伴奏下，铿锵激昂地作了《登高》和菅原道真《九月十日》两首诗的日式诗吟表演。《九月十日》全诗为："去年今夜侍清凉，秋思诗篇独断肠。恩赐御衣今在此，捧持每日拜余香"，是菅原道真左迁大宰府之后，追忆去年此日在宫中清凉殿赋《秋思》一诗并得到了醍醐天皇赏赐御衣时所作。接下来朗诵我的七律《咏菅原道真》、苏轼的七绝《春夜》和名词《水调歌头》。在日本，唐诗广为流传，而宋词却不为一般的汉诗爱好者所熟悉。借此机会，让他们通过中文语音来感受词中句式灵活生动的节奏感。最后，以白居易《长恨歌》的朗诵谢幕。

经过两个月的各方面准备，朗诵会按计划再次顺利举行。我投入到了对唐诗宋词名篇全身心的背诵之中，近两百名观众一次次报以热烈的掌声……日本最大的汉诗网站"创作汉诗"的主办者铃木淳次先生从其居住的名古屋市一早出发专程赴会。上、下半场休息间隙，著名棋士林海峰及其夫人特意来后台看望我。从结束后的问卷反馈来看，大家一致接受了汉诗的中文朗诵，很多人希望这项文化活动今后能持续办下去。有位观众写道："听汉诗的中文发音是多年来的夙愿，没想到今日得以实现，不禁流下了眼泪。"另外，不少人对安排日式诗吟表演亦给予好评。中文朗诵和日语诗吟，作为对汉诗不同语音、形式的演绎，起到了双语配合、相得益彰的效果。

三、朗诵会的今后课题

在各界的支持下，我通过举办专场朗诵会的形式，对诗词朗诵进行了两次摸索尝试。朗诵可以说是一种推广诗词文化的直观方式。在日本的朗诵内容以唐诗为主，可以穿插为日本的汉诗爱好者所喜闻乐见的日式诗吟表演；今后在中国开展朗诵活动，我准备在传统的唐诗宋词之外，加上部分现代诗词作品。

朗诵会还有很多不成熟之处有待提高：首先关于朗诵本身，我需要今后不断加强对诗作内涵的理解感悟，揣摩发声技巧及感情处理等等。此外，以下方面亦有必要作进一步构思设计。

关于音乐伴奏，两次朗诵会受条件所限，均采用播放中国民乐 CD 的方式进行，我根据诗作的感情基调选择了乐曲。例如，用《春江花月夜》伴奏《长恨歌》和《琵琶行》，《十面埋伏》伴奏《蜀道难》，《江河水》伴奏《兵车行》和《茅屋为秋风所破歌》等，只能做到音乐与诗作的情感大致相当。今后若能由音乐家创作出专为诗词朗诵伴奏的乐曲，并进行现场的器乐伴奏，效果自然理想得多。

关于舞台设置，两次朗诵会均以我立于舞台中部的立式麦克风前朗诵、主持人坐在边侧长桌前解说的方式进行，较为简略。今后，可以考虑由专业编导来设计与诗作相关的舞蹈及布景。特别是对于《长恨歌》《琵琶行》等叙事性长篇诗作，相应的伴舞能够极大增强演出效果。在日本，诗吟演出有时即伴有相应的剑舞表演。

关于舞台背景，两次朗诵会均采用通过幻灯片显示诗作通篇文字的形式进行，我根据诗作的感情基调选择了大致的色彩灯光配合。如果能使用大型电子屏幕设备，将正在朗诵的诗作逐句显示，会大为方便一般观众——特别是听不懂现代汉语的日本汉诗爱好者——把握朗诵的进程。此外，电子屏幕可以显示与诗作相关的图画或风景摄影，让观众同时得到听觉与视觉的多方位综合享受。

举办诗词朗诵会还涉及宣传、组织、会场准备、观众引导等一系列事务性工作，个人的力量有限。对于刚刚起步的诗词朗诵，希望今后能有不同专业人士共同参与，群策群力，逐步提升演出效果。

第三章 诗词朗诵与民乐的配合

——记东京唐诗朗诵演出

我结束留学归国之后，2007年应日本东京都日中友好协会的邀请，两度赴日本从事了唐诗朗诵的舞台演出活动，对诗词朗诵与民乐的配合课题进行了探索，本章就此作一记述。

一、"日中友好阳春音乐会"演出

东京都日中友好协会于2007年3月9日举办了"日中友好阳春音乐会"。这是为纪念中日邦交正常化三十五周年，由东京都日中友好协会副会长松井幸雄先生同中国民族器乐学会经过近一年的磋商酝酿而达成。

表演者阵容丰富：有来自北京的中国古琴学会副会长杨青先生，声乐表演家张萍、舞蹈表演及古琴演奏家曹雅欣、三弦演奏家姜美三位年轻女士及青年男高音歌唱家曾擎先生和张友殿先生——杨青先生创立了"雅韵华章"艺术团，张萍、曹雅欣、姜美女士均为该团成员；张友殿先生为蒋大为的高足。同台演出的还有旅日歌手幽燕女士、钢琴演奏家四反田久实女士、日本古琴演奏家坂田进一先生、古筝及三弦演奏家江夏绫柯女士——坂田进一先生还从事着作曲及古乐的研究活动，是日本古典音乐界的名家。在这场音乐会中，我的唐诗朗诵可以说是内容较为特殊的节目。与留学期间的个人专场"汉诗朗诵会"相比，自感轻松很多。

我选择了孟浩然《春晓》、王维《送元二使安西》、李白《早发白帝城》《黄鹤楼送孟浩然之广陵》、张继《枫桥夜泊》、杜牧《江南春》和杜甫《春望》这七首唐诗进行朗诵。所有作品均为日本观众所熟知，除《枫桥夜泊》外，内容主要与春季相关。朗诵时间共约12分钟，除最后一首五律《春望》外，前六首七绝分别各朗诵两遍。

为了便于日本观众理解，我的诗词朗诵一直配以日文解说。专业播音员仁木恭子女士在我的个人朗诵会上一直担任主持，这次音乐会中作为"朗诵助手"登场。每首唐诗在我用中文朗诵之前，先由仁木女士诵读其日语训读。

"日中友好阳春音乐会"的会场位于东京文京区公民中心会馆。以往受条件所限，我的诗词朗诵采用播放中国民乐CD的方式进行了伴奏，本次音乐会则安排专人的器乐伴奏，3月9日上午开始了紧锣密鼓的排练。原计划由杨青先生单独为我伴奏，在听过我的朗诵排练后，改为由杨青先生和坂田进一先生同时伴奏。我的诗词朗诵首次获得现场伴奏，即由中日两国的一级音乐家联袂进行，殊觉荣幸。

经过商定，前四首《春晓》《送元二使安西》《早发白帝城》《黄鹤楼送孟浩然之广陵》的朗诵演奏乐曲《春江花月夜》，由杨青先生弹奏琵琶，后三首《枫桥夜泊》《江南春》《春望》演奏乐曲《平沙落雁》，由杨青先生弹奏古琴；坂田进一先生始终吹箫。在排练过程中，当坂田先生发出一个音响的瞬间，杨青先生随即奏出其和声，二人缓急一致，配合默契。我从中深感中日两国古典音乐的一脉相通。

坂田先生特意让其夫人为我送来他的中国长衫演出服。我试穿后众人都说"合适"，于是便身着这套长衫进行演出。

著者于东京"中日友好阳春音乐会"作唐诗朗诵

这次音乐会竟出现了一票难求的盛况，不少人因为入场券售罄而不得不遗憾地放弃。观众早早地排起了长队，能容纳近四百人的礼堂座无虚席。

演出晚上7点正式开始，上半场主要是古乐演奏："雅韵华章"艺术团的成员身着汉服演奏了《梅花三弄》《流水》《子夜吴歌》《春光好》《阳关三叠》《秦风》等古曲。杨青先生以苏东坡式的装束演奏了古琴、阮、洞箫等乐器，中间向观众介绍了古琴的相关知识。其后坂田进一先生拉胡琴，江夏绫柯女士弹古筝合奏了日本的《千鸟之曲》。我的唐诗朗诵是上半场的压轴节目。我步入舞台中央，在杨青先生和坂田进一先生的伴奏声中，与仁木恭子女士的日语训读朗诵相配合，作了唐诗朗诵表演。

下半场主要是歌曲演唱：在钢琴的伴奏中，张友殿先生演唱了《北国之春》《草原情歌》，幽燕女士演唱了《独上西楼》《青藏高原》《落叶松》《千の風になって》（化作千风），曾擎先生演唱了《草原上升起不落的太阳》《再见大别山》等歌曲。其后，坂田进一先生同"雅韵华章"艺术团合奏了《关山月》。音乐会在全部演出人员合唱歌曲《花心》中结束。

日本最大的华文报纸《中文导报》（2007年3月15日）对本次音乐会作了专题报道，关于唐诗朗诵部分的介绍如下："14岁便考入西安交通大学的原东京外国语大学大学院留学生，现西安交通大学外国语学院教师金中专程来日，为现场来宾朗诵了《春晓》、《早发白帝城》等脍炙人口的唐诗。金中抑扬顿挫的深情演绎，千滋百味，荡气回肠，千年中华古诗精髓撼动着聆听者的心弦（记者孙盈）。"

二、"日本与中国·音乐之夜"音乐会演出

同年11月20日，我于东京"日本与中国·音乐之夜"音乐会上再次作了唐诗朗诵表演。该音乐会旨在通过音乐促进中日两国的文化交流，自1985年起每年秋季举行，由东京都日中友好协会主办，该协会副会长松井幸雄先生二十多年来策划并操办了每届晚会。2007年的音乐会已是第23届，其副标题为"弦乐与汉诗的音调寄予晚秋"。会场设于东京丰岛区"自由学园·明日馆"礼堂——明日馆始建于1921年，整体建筑古朴典雅，现已被认定为日本的重要文物。

"麦茨合奏队"担任本次音乐会的主要表演。该乐队由小提琴演奏家奥田雅代女士、谷口哲郎先生、中提琴演奏家百武由纪女士、大提琴演奏家松冈

阳平先生、钢琴演奏家筱崎朝子女士等人组成,其领衔人物奥田雅代女士曾长期担任东京都交响乐团的首席小提琴。

音乐会由三部分构成:第一部演奏埃尔加、萨拉萨蒂、拉赫马尼诺夫、圣-桑、巴赫的西洋古典音乐,第三部演奏莫扎特、德沃夏克、勃拉姆斯的西洋古典音乐以及日本抒情歌曲、美国电影主题歌的乐曲。我的唐诗朗诵作为音乐会的第二部,穿插在第一、三部的器乐演奏之间,共约7分钟。为了同晚秋时节相配合,我选择了李白的《静夜思》《峨眉山月歌》《子夜吴歌》、杜甫《登高》及张继《枫桥夜泊》五首诗。《枫桥夜泊》一诗在日本的知名度极高,2007年的两次朗诵表演均选有该作。

此次朗诵由琵琶演奏家王晓东先生担任现场伴奏。王晓东先生出身于北京琵琶世家,在中国音乐学院主修琵琶演奏之后赴日,于东京艺术大学研究生院继续从事了琵琶研究,目前在中、日、韩及美国进行着琵琶演奏活动,是在日本为数不多的中国专业琵琶演奏家之一。

我同王晓东先生的排练从11月20日中午开始。经过配合,王晓东先生选用乐曲瀛州古调《月儿高》伴奏《静夜思》,其改编的巴山民谣伴奏《峨眉山月歌》,乐曲《塞上曲》伴奏《子夜吴歌》,王晓东先生自作的琵琶乐曲伴奏《登高》和《枫桥夜泊》。由仁木恭子女士担任"朗诵助手"。除七律《登高》外,其他诗作均连续朗诵两遍。

演出从晚上7点开始。上下双层、能容纳两百多名观众的"明日馆"礼堂座无虚席。在清冽的琵琶伴奏声中,我全身心地投入朗诵。与春季的音乐会同样,把这看作是弘扬中华诗词文化的珍贵时刻。《登高》的朗诵注入浑身力量,表达沉郁悲怀的情感;最后的《枫桥夜泊》则调整到宁静悠扬的声调。通过这样的反差,让不懂中文的日本观众从朗诵的氛围中体会诗作的神韵。

日文报刊《日本与中国》(东京版,2008年1月1日)刊登了这次音乐会的报道,关于唐诗朗诵部分的介绍如下:"第二部是西安交通大学副教授金中先生的汉诗五首。以王晓东先生的琵琶伴奏为背景聆听汉诗,使人一时置身于中国雄大的气氛当中。《枫桥夜泊》结束后响起了巨大的拍手声及'好!''再来一首'的呼声。"

2007年的两次音乐会,我与中日两国不同领域的音乐艺术家作了同台演

第四编　现代诗词朗诵

出。诗词朗诵，作为与器乐演奏及歌唱相并列的一项节目，获得了观众的好评。特别是得到民乐的现场伴奏，极大提高了朗诵演出的效果，在我的朗诵经历中是一次新的飞跃。

音乐伴奏是诗词朗诵艺术的重要课题。这两次音乐会均以现成的乐曲进行了伴奏。**今后有待与作曲家合作，根据诗词作品的体裁、篇幅、情感内涵等，创作出专用于其朗诵伴奏的乐曲**，这无疑将会进一步提升诗词朗诵的综合效果。

第五编

金中诗词自述

著者于西安思源学院作诗词演讲

第一章 新世纪的传统诗词

——《与君相爱五千年》后记

《与君相爱五千年》选录了我从 1994 年到 1999 年这近五年时间——年龄上讲从我 19 岁到 24 岁之间——的 100 首诗作。根据作品的主题（subject），将其分为三编六章，并分别以诗句中的关键词（keyword）对各编、章作了命名。在次序编排上，主要考虑了作品之间内容上的关联，并非以创作的时间先后顺序排列。这些传统诗词习作的创作源泉，来自我赴日前夕及留日后的生活经历和感受。他年重读必觉拙稚，不过其真实记录了我步入青春时代起的心灵历程。真正的诗，应当是现实生活中美的升华与整个人类情感至善的结晶。提起李白、杜甫、白居易、苏轼、陆游、辛弃疾……这些伟大诗人的名字，我们会立即产生一种由衷的崇敬。这是因为，他们的引吭高歌没有局限在狭隘的个人"小我"范围，而是把自身的穷达荣辱与整个国家、民族的命运紧密地结合在了一起。他们体内热血沸腾的节奏，与其所处时代脉搏的跳动相一致。在他们天才的文思笔力之下，昂扬的时代精神，多彩的社会风情，朴素的人民情感，无一不以具体形象的方式被生动地勾勒出来。那些璀璨诗篇，正是全人类共享的无价精神财富，过去的时代精华赖以永久地保存了下来。每个时代都有其独特风貌。我们所处的时代，科学技术日新月异，国际交流合作愈发密切。生活在现代的诗人，要想在人文史的坐标上达到古人的高度，要想在神圣的艺术殿堂同古人一样拥有一席之地，就必须在学习、继承他们的同时，正视自己所处的时代；用我们的心和笔，来表现这个时代。否则，我们只能步古人后尘，只能望其项背而不能对其有所超越。在这样一个从物质生活到意识形态无不焕然一新的现代，一味地模拟古典，与现实脱节，写那些化石式的、古董式的诗，虽不能说它们毫无价值，但其所达到的美学高度，毕竟有无法逾越的局限。

诗是要活生生地反映现实生活的！
诗是要赤裸裸地表现时代精神的！

新的时代即将拉开帷幕，21世纪近在眼前。啊啊！21世纪，多么伟大的时代！人类为通向她经历了多少苦难与曲折！在新的世纪，古典与新潮并存，东方与西洋同在。恬静与热烈、肃穆与欢快、儒教与民主、祖国与爱情、雁信与因特网……21世纪的文化是多元的，不是单一的；21世纪的文化是开放的，不是保守的。作为反映它们的文艺——诗词——亦当如此。表现当代情感不能捐弃传统诗词中的描写手法，写传统诗词更不能排斥现代意识的抒情。我们要向这一古老的诗型注入新鲜的血液，让她在21世纪焕发出青春的活力。《与君相爱五千年》在内容上，正是朝着这一方向作了初步的尝试，是对养育了我的悠久的祖国母亲和即将到来的21世纪这一年轻恋人的菲薄献礼。"异邦丈室萧然壁，高挂雄鸡大版图"（《留日感怀》其五），"迈开奋勇坚实步，祖国未来扛在肩"（《留日感怀》其七），"身经磨炼功成日，欲献明珠报女郎"（《留日感怀》其八），"誓将胸火热，高亢颂青春"（《青春》），"时光宇宙都无尽，爱意对君歌不完"（《爱意》）……对这些传统的格律诗句，如果诸位读者在欣赏其古典韵味的同时，能够对滚动其中的现代情感有所共鸣，那么，从我开始构思平生第一首诗作的故国初秋的清晨，到为此书作后记的异邦孟夏的深夜，这期间的所有苦吟与努力都没有白费，我将对此感到万分幸福。

第二章 我的诗词之路

——《青春现在进行时》后记

一、作诗的开始

我是从 1 岁起和学习说话的同时开始背诗的,不知有没有比这更早的记录了,这得益于父母对我的早期教育。唐诗宋词中的优美辞句,《长恨歌》《琵琶行》《蜀道难》等千古名篇,永远铭刻在我的心里,融化在我的血液里。无疑,这为我以后走上诗词道路奠定了基础。背诗一直持续到小学三年级,随着功课的繁忙,逐渐放了下来。

大学毕业后,等待赴日签证的日子里,我看了王力写的关于诗词格律的入门书,当时未能立即理解。后来,不知不觉领悟了其中的道理——原来平仄相对、相粘等规则,其实是很简单的。

那段时间通过对诗词的复习诵读,我体会到了七律的精妙:首句要起得突兀,第二句要承接得生动自然;以下颔联、颈联两副对仗,给全诗赋予稳定、庄重感,极见功力;尾联则是全诗的点睛之笔,用这个非对仗的诗联来抒发作者的感动高潮。七律经唐代定型后盛传至今,真不愧为用汉语表达的最为均整的诗型。

有一天夜里,我梦见自己在一个荷叶茂盛的池塘前,与青衫长袍的鲁迅相对而立。他留着和照片中一样的胡须,面部洁净,那一定是他风华正茂时的样子。我对鲁迅讲我喜欢长诗,他面露微笑……我把这看作上上的吉梦,也许预示着我在诗词上能够有所作为。

赴日留学前,我念及自己将要到一个全新的天地,为自己也为国家大干一场,胸中就有一股热潮在澎湃。这种心情不以文字表达出来就难以抑制,而且非文言诗词不可。经过酝酿,1994 年 9 月 25 日构思出了题为《赴日抒怀》的七律:

年幼踌躇总恋家,今为游子向天涯。
岚山沥沥思先圣,上野喧喧赏丽花。
燕雀安知鸿鹄志?鲲鹏肯做井中蛙?

读书万卷八千路，昂首腾飞耀我华！

这是我生平正式创作的第一首诗，我好像获得了新生。

在后来的一个月里，我脑海里隔三岔五就有一首诗词涌现，当然现在看来这些都是很不成熟的。这就是我19岁时突如其来的作诗开始，宛如火山多年沉寂后的爆发。我和父母都不禁对之有些奇怪——从没有任何人教我要作诗和怎样作诗。这看上去像个奇迹，一切又那么自然。

二、作诗的摸索

到日本不觉七年了，我的留学生活其实很淡泊：学校课不多，一般上午、晚上在家看书，下午外出教围棋作为打工，大部分时间是在自己四叠半的和式书房中静静度过的。作诗成为我莫大的精神慰藉：白天从家步行到车站的路上，电车中凝视窗外的同时，夜晚在住所附近的里弄间散步的时候，我构思着一首又一首……1999年9月出版了《与君相爱五千年》。现将我其后至2002年初这两年半时间——年龄上讲从我24岁到26岁之间——的118首诗作，编为第二部诗集《青春现在进行时》。

我是在日本完全无师的情况下，凭摸索完成这两部诗集的。对此并未觉得不便，倒是有了一个自由发展的机会。海阔天空，想怎么写尽凭自己的感觉，如这首《乘机还家》：

池塘如镜树笼烟，平整农房绿麦田。
渐近家园欲挥手，将登故土定开颜。
长宵郁闷窥胡月，丽日高昂还汉天。
肃穆整襟端正坐，（啊啊！）依然万里好河山！

我特意加上了"啊啊！"这一感叹词，一方面它是感情的喷发，同时，亦能起到承接第七、八句之间内容飞跃的作用，并非多余。

像"知我沸腾鲜血里？蕴藏有汝ＤＮＡ"（《致屈原》），"痛饮狂歌抒野性，当于得克萨斯州"（《美利坚憧憬·TEXAS》）这样的字母、外来语入诗自不待言，即使是"北美群山呼唤我：'Come here! Mr. Jin!'"（《群山》）这样全英文的桀骜不羁，也无人干涉，岂不快哉！

关于本书，值得一提的是2001年暑假的澳大利亚、新西兰之行。这是我第一次身临西洋国度，收获、感慨良多，诗作构成了《南半球》一章。

《心泉》一章收录的是爱情诗。感情的真实和事实的虚构亦真亦幻地交织在了一起，几个女性诗化的倩影闪烁其间。然而，现实中柔情如水，似有还无，此求彼拒，意浓缘浅。我意识到，关于伴侣问题，在国外环境制约下很难找到合适的人选。这里没有人能真正读懂我的诗，这就无法进入我的精神世界，无法同我进行心灵上的对话，所以，直到现在我仍是孑然一身。理想中的伴侣只能待学业完成后回国内寻找。她应当是贤良淑慧的，应当是热爱中国传统文化、理解我的事业并衷心愿意辅助我的……在孤独寂寞中我默默地忍耐着，静静地等候奇迹的降临。

《鹿王》一章中的末尾几首，便是我对之的预言，和对相见瞬间的想象。

> 一笑盈盈侍近旁，前缘历历复悠长：
> 同餐南海红桑果，共枕恒河碧月光。
> 太古万民虔敬肃，辽原百兽睦安详。
> 当年你我为青鸟，释迦牟尼做鹿王。

这首《前缘》是我目前所达到的最高杰作。当然，读者亦可将其理解为您面对自己爱人时上溯远古的思绪。

三、留日诗词集的意义

《与君相爱五千年》和《青春现在进行时》都以我的留日经历为背景。在这里，祖国的前程、诗词的创新和我个人的成长，三位一体地结合在了一起。

中国的留学热潮始自改革开放。二十多年来，数十万计的青年学子离开故土，踏上了异邦求索的航程。在国外，他们挣扎着、奋斗着。学成后，有的人回了国，有的人定居在国外，有的人在犹豫观望……从长远来看，这是一个非常特殊的文化群体，他们对中国的发展定将起到举足轻重的作用。比起百年前的清末留学生，其能力（power）更是有过之而无不及。以中国人的海外生活为题材的文学作品，如《北京人在纽约》《上海人在东京》《曼哈顿的中国女人》等早已问世，这些都是具体描述淘金者打工创业史的小说；《与君相爱五千年》和《青春现在进行时》则是以诗词的形式，勾勒了一个中国留学生的平均标准像。

身在国外，国家意识愈发强烈，对中国的现状有了更清楚的认识，所谓"不识庐山真面目，只缘身在此山中"。学习日本文学，亦磨砺了我对汉语字词、语感的品味能力。特别是日本的近现代诗歌，给我的诗词创作带来了很多刺激和启迪，像"为君愿乞纷飞雪：犹带芳馨苹果香"（《初恋》）这样的句子，不接触北原白秋，就不会出现在格律诗中，永远也不会！20 世纪初郭沫若的诗集《女神》，正是他在留日期间经受西洋文学的滋润，将时代感洋溢在白话自由诗中结出的硕果。

在本书代序中，我提出了"前卫诗词"的概念。《与君相爱五千年》和《青春现在进行时》都是作为"前卫诗词"的尝试。一千年前，我的前身白居易提出了以"总而言之：为君、为臣、为民、为物、为事而作，不为文而作也"为纲领的新乐府运动。现在，我要以自己的行动，投身到 21 世纪的诗词创新中去。我确信，我的个人实践将对这场文学革命的成功与否起到关键作用。这是一种冥冥中非我莫属的使命感，我要成长为新时代诗魂的结晶！

当然，这并不意味着《与君相爱五千年》和《青春现在进行时》就很出色，我深知其浅白和幼稚。我现在作诗还不成熟，知识面也很狭窄，有太多太多古今中外的名著正等待着我去阅读。我恭候广大读者对我直率的批评和鞭挞。我特别渴望大家具体指正出这两本诗集中的不当之处，今后对其不断地修改完善。

但有一点我明确地引以为荣：这两部诗集是一个 21 世纪青年真实的心声，是他人生求索中确切的足迹。如果将来的某一天，有哪位和我现在年龄相仿的年轻人，当他心灰意冷，看不到前程光明的时候，通过读我的诗而认识到人生是美好的，宇宙中有某种庄严之物存在，从而重新焕发出生活的勇气，我将对此感到万分喜悦。这就像朗费罗在《人生颂》中所讴歌的那样：

Footprints, that perhaps another,
Sailing o'er life's solemn main,
A forlorn and ship-wrecked brother,
Seeing, shall take heart again.

也许另一个
航行在人生庄严大海之上的
搁浅的孤零兄弟
将会看到这足迹并重新鼓起勇气

第五编　金中诗词自述

　　这是胜造七级浮屠的功德；这是我作为一个"人"，所实现的社会价值。

　　在时光的长河中我一天天长大，然而《与君相爱五千年》和《青春现在进行时》这两部诗集永远年轻！他年回首，我将其视作我人生的高度成就。

　　在平仄相间的律句中我飞翔过！
　　在祖国故乡的眷恋中我燃烧过！

第三章　攀越现代诗词的高峰
——《请君贴近我心房》后记

一、《请君贴近我心房》的创作

摸索诗词创作和赴日留学都有了十年，我也步入了30岁。现在博士论文已提交，漫长的留学生活渐入尾声，终于到了这盼望已久的、对自己十年诗业作一番总结的时刻！

《请君贴近我心房》是继《与君相爱五千年》和《青春现在进行时》之后我的第三部诗集，选录了从2002年至2005年这三年多时间——年龄上讲从我27岁到30岁之间——的120首诗作。内容以我这段时期的留学生活为源泉，对世界、祖国、爱情、人生等主题进行了探索，既有非常现实具体的写生，也有联翩起伏的遐想。其并非是我生活中原封不动的事实，但的确是我思想感情中的"真实"。其中，《世界》一章中间部分的诗作，是对2001年澳新之行的补遗。

在体裁上，与前两部诗集侧重于七律相比，本集对七绝进行了较多的练习。绝句创作似易实难，在简短的篇幅中虚实相宜、紧凑生动地表现出灵气，是这一诗型的神髓。

> 横看成岭侧成峰，远近高低各不同。
> 不识庐山真面目，只缘身在此山中。

苏轼这首《题西林壁》本为无心之作——起承二句粗糙，缺乏作为对"西林壁"描写的具体形象；不过，转结二句歪打正着地道出哲理，成为千古名句。古人的绝句是感觉式的。现代绝句应在保持诗感的同时，导入精密的计算，让诗作中的每一个字词都发挥出最大功效。

在音韵上，《与君相爱五千年》主要依从"平水韵"；《青春现在进行时》中新旧韵并存；本集则贯彻以现代普通话发音为标准的方针，第一、二声为平，三、四声为仄。

茂竹碧水古村庄,细雨青峰雾渺茫。

(《雨中舟游漓江》)

混茫尘海谁识我?静夜耽读叔本华。

(《域外三章》其三)

汽笛鸣响冰川舰,液焰喷燃火箭舱。

(《春鼓动》)

转入普通话第一、二声的入声字既然属于平声,那么也就完全可以将其作为韵字使用。

虔诚献我辛劳作,默候神明亲祝福。

(《自题留日诗词集》)

丰腴裸妇石雕像,细细黄昏雨打湿。

(《镰仓文学馆庭园即景》)

从以"平水韵"的知识观念为标准硬背平仄,向以普通话发音为标准简明地判断平仄,是提高诗词普及的必经之路。

诗歌是韵律与抒情的二元表现艺术。实际音感——即通过出声诵读,或脑海中默读时的具体音响效果——是推敲字词的重要依据。

甲申除夕夜晚,在这伊拉克战火纷飞、印度洋海啸肆虐的消息蒙在我心头之际,感谢你的新年慰问电话

深宵漠漠雪漫漫,徒转地球年尽端。
初步新元两千际,沉思时事百般寒:
沙洲街市爝空爆,海岛苍生卷巨澜。
黯淡悲中光一线,是君 calling 祝平安。

这首诗的末句中特意使用了英文词汇。盖汉语"电话"一词音感过于明快;与此相比,"calling"一词宁静悠长,与通篇的氛围较符。

二、留日诗词集与青春

《请君贴近我心房》和《与君相爱五千年》《青春现在进行时》一道,均

是对"现代诗词"进行的前卫探索。现代诗词与古典诗词相对应，不能是古人诗作的单纯模仿，要表现当代人的真情实感，具有新时代的生动气息。不仅其中登场的词汇是崭新的，包括音韵、句式、立意、构思以及精神气质都应崭新。只有这样，现代诗词才能获得真正的生命。

　　语言是文化的基础，诗歌是语言的精华。中华文化最值得骄傲的正是诗词，千百年来，诗词一直作为文化阶层共通的精神故乡。而唐宋之后的大量诗作，不外乎是唐诗宋词延长线上的量的叠加，并未给诗词带来质的飞跃。诗词历史积淀重厚，改革尤为不易，在当代仿佛已成为苍老过时的文艺。树立现代诗词，就是让诗词在现代社会推广并复权，成为表现当代人思想生活的得力工具。用诗词召唤失落的人文精神和与我们渐行渐远的良知。

　　通过在异邦的探索和感悟，我把自己十年的青春岁月结晶为三部诗集。我忠于的是自己的真实情感，不愿做守旧之徒。构成这些诗作的知识背景并非仅是古典诗词，而包括有西洋诗歌、日本短歌、流行歌曲、好莱坞电影和迪斯尼童话。

　　　　去岁花非今岁貌，来生我是此生魂。

　　　　　　　　　　　　　　　　　　　　　　　　（《观梅》）

　　　　凭心你我共聆听：宇宙无声交响乐。

　　　　　　　　　　　　　　　　　　　　　　　（《玉楼春·星夜》）

　　　　愿此歌声达彼心，再萦皓月弥天宇！

　　　　　　　　　　　　　　　　　　　　　　　　（《抒情小夜曲》）

　　《请君贴近我心房》是在前两部诗集基础上的飞跃，愈发强力与浪漫。由"金蜥蜴"进化为"霸王龙"，从"青年豹"成长为"壮年狮"。

　　"端直滚烫旧诗行，有我青春恒永驻"（《玉楼春·自题诗稿》）——我的火热青春，在三部诗集中得到了永存。在一首首诗作里，我确认到一个强力的自我。诗词与我的人生一体，十年来的艰辛与挫折磨砺了我。我摸索出"强力意志"这一关键词，愿其成为我们民族蓬勃向上的时代标语！

　　十年风雨，流下多少汗水，度过了多少不眠之夜！作为一个留学生，我没有愧对祖国的养育之恩，没有辱没炎黄祖先的名号。三部诗集，既是对自己十年诗业的总结，也是对祖国人民的献礼与答复。她向世人昭示：一个当代青年的心声，能够用远古的节奏真切地抒发出来。诗词艺术万古长青，决不湮灭！诗词与神州大地同在，诗词与中华民族同在！

我确信诗词的新时代即将到来。三部留日诗词集热烈地讴歌青春，展示人生的庄严与喜悦，必将成为现代诗词的先锋标志。愿她带给青年以鼓舞和进取搏击的勇气，愿她启迪"爱"与希望，唤起中国之魂！

回首我这三十年来的人生之路，我感到自己仿佛受到一种神秘力量的驱使。我庆幸自己的青春在世界的舞台上与21世纪的相遇。我的激情与感慨、我的潜能，通过诗词这一载体得以释放。童稚时背诗奠定的基础，青年起留学获得的体验，造就了我的诗业。这是上天对我的恩宠！我要尽我天职，在当代开拓诗词，用上天赋予我的能力为世人造福！

"血液朝心房外涌，终将回到此心房"（《明志》）——留学生活就要结束了，到了回归祖国的时刻。来吧！投身国家建设，投身诗词事业！不断挑战自我，攀越现代诗词的高峰！

第四章　今生相聚的爱情

——关于我的《前缘》与《原初》

爱情是诗歌文学中极具普遍性的主题。中国的传统爱情诗有一个明显倾向，即多表现男女别离时的忧愁和凄楚。

"卢家少妇郁金堂，海燕双栖玳瑁梁。九月寒砧催木叶，十年征戍忆辽阳。白狼河北音书断，丹凤城南秋夜长。谁为含愁独不见？更教明月照流黄"（沈佺期《独不见》）——像这样表现对远戍夫君思念之情的闺怨作品在唐诗中较为常见；至于"来是空言去绝踪，月斜楼上五更钟。梦为远别啼难唤，书被催成墨未浓。蜡照半笼金翡翠，麝熏微度绣芙蓉。刘郎已恨蓬山远，更隔蓬山一万重"（李商隐《无题》），则寄托的是与情侣的别后惆怅和重逢之希望的渺茫。

宋词如柳永的《雨霖铃》："寒蝉凄切，对长亭晚，骤雨初歇。都门帐饮无绪，留恋处、兰舟催发。执手相看泪眼，竟无语凝噎"——这是分手瞬间的万般痛楚；"念去去、千里烟波，暮霭沉沉楚天阔"，"此去经年，应是良辰好景虚设。便纵有千种风情，更与何人说"——等待自己的，是明朝的黯淡行程和注定的凄凉落寞。

那么，情侣相会时的欢欣呢？有是有，但多为已逝之回忆，在时间上属于过去——"去年元夜时，花市灯如昼。月上柳梢头，人约黄昏后"（欧阳修《生查子·元夕》）；在作品中的"现在"时刻，只有对佳人不在的惆怅和叹惋——"今年元夜时，月与灯依旧。不见去年人，泪湿春衫袖"。

可以说，古典诗词所表现的多是未能如愿的爱情，充斥着男女双方在隔离状态中的黯然哭泣。我认为，这是中世纪文人消极爱情观和人生观的体现。

诚然，爱情常伴随着几多伤心与无奈，可是，既然有别后的相思愁苦，也必然有重逢时的欢欣喜悦——对于后者，古典诗词并未进行充分的开拓。

新的时代呼唤具有新时代精神的作品。我们有理由把目光投向爱情中甜美的一面，聚焦于情侣相会时的欢欣喜悦。其回味悠长，作为一种深切的幸福，能成为当事人一生中永不泯灭的美好回忆。

《前缘》与《原初》是我以七律形式朝这一方向所作的尝试，均讲述往昔的一对情侣在今生今世又得以重聚的故事，表现他们此时此刻的温馨和上溯远古的追忆。我力图阐述这样的思想：爱情是永恒的，是命中注定的，纵经千世万劫、生生轮回，人之灵魂不灭，此爱终古长存。我要把爱情提升到一种至纯透明、宁静庄严的境界。诗作中"你""我"今生的身份详情均未作具体设定，可以理解为包括我和所有读者在内的任何人。两首诗都结合了宗教背景。

《前缘》的灵感产生于我对佛经故事的感动，对慈悲情怀和舍己为人精神的倾倒。

《六度集经》中记载了这样的故事：佛祖的前身曾经是一只鹿王，带领群鹿生活在大草原。有一天，鹿群遭到国王捕猎，伤亡惨重。为了避免更大的牺牲，鹿王来到王宫拜见国王，请求他不要再进行射杀，它们将每日送来一只鹿以供御膳，国王应允了。从此，众鹿温顺地排好次序，按承诺每天都有一只主动前往王宫献身，临行时鹿王无不与之含泪话别。可是有一次，轮到一只将出产的母鹿要被派往王宫，它哀求鹿王能否将其与排在下面的鹿调换次序以待小鹿出生；而后一只鹿却不同意，不愿失去这生命中最后一天的宝贵辰光。鹿王万般无奈，第二天它径自来到王宫御厨去替那只母鹿受死。国王惊异地问清了其中原委，不禁感慨万千。他送走鹿王并敕令从今一概不准侵犯鹿群，国家从此走上了祥和仁慈的道路……

我想将这鹿王的典故交织一个悠远的爱情故事，不知不觉脑海中浮现出了"当年你我为青鸟，释迦牟尼做鹿王"的句子，以之作为一首七律的尾联。"释迦牟尼"为专有名词，在平仄上似允许一定通融。为了与该词相呼应，我在前文中导入了"恒河""太古""辽原"等词语，将"你""我"从前世到今生的广阔时空作了串联，于是构成了《前缘》这首诗作：

  一笑盈盈侍近旁，前缘历历复悠长：
  同餐南海红桑果，共枕恒河碧月光。
  太古万民虔敬肃，辽原百兽睦安详。
  当年你我为青鸟，释迦牟尼做鹿王。

首联上句描写今生，下句在时间上向前过渡。颔联回忆前世——南海、恒河，无一不留下你我缠绵的影子。颈联由颔联下句中的"恒河"一词引出，在空间上横向扩展为整个远古世界。尾联道出谜底，是对"你""我"原始记忆的恍然大悟。

那鹿王的至善和勇气,远古的宁静与和谐,还有"你""我"曾经作为青鸟的厮守相伴,一一透过悠远的时空,凝聚在今生此刻这盈盈相对的微笑之中。

《原初》的结构同《前缘》相似,其文化背景为基督教,将追忆远古这一构思发挥到了极致。诗作主人公"你""我"之前身,设定为人类的最初祖先——亚当和夏娃。

《原初》的灵感来自对上帝神奇创造的赞叹。据《圣经·创世记》记载,上帝趁亚当熟睡之机取其肋骨造夏娃。亚当对此定怀有一种难以置信的感动,将其表达成律句即为"梦里居然余肋骨,化兹俏丽眼中人"。以之作为一首七律抒情高潮的尾联,我构思出了这首《原初》:

> 凝情相注触前尘,厮守原初忆尚真;
> 顶礼耶和神帝相,流连伊甸果园春。
> 采他青翠宽柔叶,遮你白晳赤裸身……
> 梦里居然余肋骨,化兹俏丽眼中人!

首联从"你""我"今生此刻的含情凝视,追溯到遥远的创世之初。那时只有上帝耶和华和欢情于伊甸园中的亚当与夏娃。颈联具述偷食禁果之后,亚当突然面对夏娃裸体时的羞涩与果断。"宽柔"一词,尽现亚当的温存体贴;"白晳"二字,依照现代普通话发音作为平声使用。尾联既是当年亚当对夏娃的瞠目惊叹,也是今生此刻,"我"对"你"凝情相注时发自内心的深深赞美。

第五章 千年血脉汇双流

——关于我的海峡两岸交流诗

2009年7月12日至21日,"情系长安——两岸文化联谊行"大型文化活动在陕西举行。该活动旨在促进海峡两岸的文化交流与合作,每年在大陆更换省份举行。本次由中华文化联谊会和陕西省政府主办,被纳入该年度国务院台办及文化部重点交流项目。台湾代表团共有嘉宾近百人,主要由台湾文化界、教育界和新闻界的资深人士组成。

台湾代表团在为期十天的密集行程中,对陕西作了全方位旅行,参观了兵马俑、碑林、法门寺、乾陵、黄帝陵等著名文化古迹和博物馆,同陕西文化界人士共同举办了研讨会、交流座谈会及联欢晚会。我作为西安交通大学的教师代表,应邀参加了其中的活动。本章就我关于这次交流活动的诗作及感想作一记述。

咏程建人先生
回首旬天感慨多,华缘相聚瀚星河。
别时欲慰甘甜痛,高唱西文求爱歌。

台湾代表团团长程建人先生为台北论坛基金会董事长、台湾原"外交部长"。在7月21日闭幕式的致辞中,程先生对即将结束的陕西之行,引用了莎士比亚的名言"Parting is sweat sorrow(离别是甜蜜的忧伤)"之后说:"宇宙如此之大,大家能够聚在一起,就是缘分。最大的缘分就是我们都是中华民族的一分子,因此,今天,我们应当惜缘惜福。"深情的发言引起台下热烈的掌声。在其后的联欢晚会上,程建人先生还演唱了西班牙语歌曲。

咏焦仁和先生
引线穿针谋睦和,斡旋两岸越涛波。
此行来访毛公府,摇起当年木纺车。

台湾代表团名誉团长焦仁和先生为信和国际法律事务所所长、台湾原海基会原秘书长。在 7 月 20 日参观延安枣园"红色"革命旧址时,其夫人饶有兴致地摇起了毛泽东故居前的木纺车。本诗将这一情节与焦先生长期在两岸交流中"穿针引线"的贡献作了串联。

咏许信良先生
浮沉坎坷绿蓝间,赤子情怀赤县缘。
大赞红军兴盛地,纶巾羽扇咏朱鹮。

台湾代表团顾问许信良先生是台湾政坛叱咤风云的人物。据《华商报》专访:许先生曾被国民党开除党籍坐牢,先后两次担任民进党主席,后来又宣布退出民进党,加入了"反贪倒扁"的阵营;二十年来积极奔走,主张台湾应以交往与对话结束与大陆的敌对关系;在民进党主席任上,其办公室墙上悬挂的是毛泽东的《沁园春·雪》。他对记者表示,自己的最大心愿就是看到两岸关系的解决。这次参观延安期间,许信良先生赋诗:"宝塔山下古延安,十里荒原苦旱寒。一成革命风云地,万里江山遂变天。"在联欢晚会上,许先生手摇鹅毛扇以"诸葛亮"的装扮,朗诵了他在参观途中所作的《汉中行》一诗:"汉中古天府,今胜旧周原。朱鹮翔绿野,足意满田间。"我的诗作表现许先生浓郁的大陆情结,在后三句突出"红"之色彩。

咏曾永义先生
秦陕周游北到南,豪情挥洒玉章三。
经纶不为吟风月,专咏铮铮伟健男。

台湾代表团顾问曾永义先生为世新大学教授、台湾戏曲教育界泰斗,在游览期间赋《延安三咏》:"苍葱翠柏五千年,拔地英挺耸入天。说道轩辕亲手植,古今阅历满风烟。"(《轩辕庙古柏》)"风云龙虎会延安,革命曾经千万难。窑洞十年甘困窘,一朝定鼎出函关。"(《枣园》)"撼地震天腰鼓声,黄沙万马正奔腾。我来安塞山河壮,欲效醒狮振鬣鸣。"(《安塞腰鼓》)台湾艺术大学声乐家施德玉教授为这三首诗谱了曲,并在联欢晚会上作了演唱。

第五编　金中诗词自述

咏陈志声先生
岂容台北独花开？宝岛中原亦俊才。
胜迹挥毫频赋咏，洞箫一曲众宾呆。

在7月21日下午举行的"两岸文化交流座谈会"上，有台湾嘉宾提出目前同大陆的文化交流活动主要集中在台北市，台湾其他地区的交流也值得开展。台中县文化局局长陈志声先生此行非常活跃，每到一处辄挥毫题词，并在联欢晚会上表演了洞箫独奏。

咏苏嘉宏先生
四百沧桑着力论，为彰台岛正源根。
扬帆渡海无先后，俱是炎黄大陆魂。

高雄市辅英科技大学苏嘉宏教授从事两岸关系研究，著有《我们都是外省人——大陆移民渡海来台四百年》一书，论证台湾人除"原住民"外，其实均系"外省人"。本诗的转结二句歌咏这一观点。

咏陈维德先生
少小垂青承任翁，老来明道志弥雄。
湖山授讲驯鸥鹭，书墨弘扬第一功。

在交流座谈会上，台湾嘉宾就本次陕西之行争相发言，呼吁两岸今后建立对口、定期的文化交流机制，消除政治性障碍，简化大陆人士赴台的审查程序，希望"情系"活动将来能够在台湾举办。苏嘉宏教授发言表示希望今后增加与大陆院校之间的交流，说他自己这次幸运地有了同大学人士交流的机会，并当众介绍了我。于是，我也起身作了发言：诗词是中华民族引以为豪的文化遗产，作为当年的国都长安，西安可以说是唐诗的中心，留下了李白、杜甫、白居易等诗人的大量足迹。我介绍了全国诗词组织"中华诗词学会"及《中华诗词》杂志，表示非常想了解目前诗词在台湾的开展情况，有哪些人在创作，有何种组织在活动等。大陆和台湾今后可以进行诗词组织层面上的交流，例如，将各自重要诗人的代表诗作刊登在对方的诗词刊物上，以增进相互了解，让两岸共同携手来发展诗词。

我发言之后不久,坐在离我不远处的一位彬彬长者陈维德教授过来同我打了招呼。陈先生是台湾当代书法教育界权威,早在中学时就受到于右任的赏识;在担任台湾"中华书道学会"理事长期间,先后主办过两届大型书法学术研讨会,广邀海峡两岸及世界书法学者参加。从台北市立师范学院教务长职位退休后,陈先生来到台湾中部彰化县乡村新成立的明道管理学院(现明道大学)主持中文系事务。在其努力下,2004年该校设立了国学研究所,开始招收书法专业硕士研究生,这在台湾历史上尚属首次。陈先生的诗作如"客中日日拥清晖,长向楼前揽翠微。潋滟波光迷弱柳,蒸腾霞气映虚帷。蜻蜓结队凌空舞,白鹭成群贴水飞。尘垢自兹涤除尽,林园随处有禅机"(《初来明道管理学院》)。

咏陈坤一先生
重振诗文赖我曹,赋诗一路气冲霄。
共鸣两岸诗交愿,相赠诗篇密手抄。

座谈会结束后,陈维德先生即向我介绍了台湾代表团中的另一位长者陈坤一先生。陈坤一先生为中国书法协会顾问,他将其此次陕西之行的咏作全部誊录了一份赠我,诗作如"戡平六国气冲天,万乘雄兵拥霸权。咸阳花发无常主,空留陶俑话当年"(《秦兵马俑观后感》),"古道摩崖世所珍,石门一颂最精神。为亲原刻过秦岭,千古知音跨海人"(《亲炙汉石门颂刻石有感》),"破楚军威震八方,高坛拜将自堂堂。奈何福祸长相倚,恨不韬光学子房"(《谒韩信拜将坛》),"三秦故地旧曾游,文物山川一眼收。雁塔双双扬圣教,碑林累累壮书猷。芙蓉汤畔寻芳泽,兵马俑前知国脉。历史情怀久弥著,客心渭水共悠悠"(《情系长安》),"堂堂华胄五千年,黄帝崇陵在眼前。祭祖常怀开世业,焚香自许继尧天。青松经雪根弥健,菡萏迎风花更妍。但使眸明穷万里,汉声震铄慰华颠"(《祭黄帝陵感作》),"乾坤运转存天道,成寇成王俱已休。昨日干戈今玉帛,静观历史数春秋"(《参观延安抗日军政大学纪念馆有感》),"安塞男儿多刚劲,翻腾击鼓脚腰轻。满场飞舞红巾手,跳出高原黄土情"(《安塞腰鼓观后作》)。

我在座谈会上关于诗词的一席发言,竟成为与两位能诗能书的长者相识的机缘。我关于陈坤一先生的诗作特意在每句中都用一"诗"字,以强调对诗之重视。

第五编　金中诗词自述

交流座谈会主持人、文化部港澳台办公室主任助理汪志刚先生在总结发言中也提到"情系"活动为两岸文化界人士提供了相互了解的平台，今后两岸交流可以善用本地的文化资源，例如对于陕西的诗词项目等。

夜游大唐芙蓉园
华彩楼台浩瀚池，依稀宏伟盛唐姿。
又当民族中兴日，携手同舟共济时。

陈坤一先生此行还有《饮罢夜游曲江芙蓉园》一诗："停杯西凤访芙蓉，薄暮轻车好豁胸。觅句曲江怀子美，大唐遗韵此园秾"，本诗据此作了阐发。

台湾代表团黄陵祭祖植树
万里来寻明志坚，台胞植树荐轩辕。
一抔阿里山中土，三盏清流日月潭。

7月19日台湾代表团在黄帝陵举行了大型祭拜活动，植纪念树时特意使用了采自阿里山的土样和舀自日月潭的水，本诗对此作了歌咏。

于闭幕式联欢晚会上登台朗诵《琵琶行》
《琵琶》一首断肠词，满座倾听若有思。
海角流离两兄弟，相逢脉脉早相知。

联欢晚会上我作了白居易《琵琶行》的朗诵表演。本诗的转结二句反用"同是天涯沦落人，相逢何必曾相识"之意。

参加"情系长安——两岸文化联谊行"感赋
故里秦川作盛游，欢歌鼓瑟对觥筹。
铜车兵俑英姿壮，柏木黄陵古韵幽。
甲子风烟期一统，千年血脉汇双流。
何当得现澎台聚？华夏深情再颂讴。

本诗表达在新中国成立六十周年之际，对两岸和平统一的期愿。

参加此次海峡两岸交流活动，我感受到一种强烈的文化一体感。诗词在两岸文化人士中具有广泛基础，能够作为中华传统文化的纽带，为今后的对台交流发挥积极的作用。

附　录
本书文章刊载、收录一览

（1）前卫格律诗宣言

　　　　　　　　　　刊于《长白山诗词》2003年第5期，2003.9

　　　　　　　　　　收入《青春现在进行时》，陕西人民出版社，2009.4

（2）向外国寻找灵感——论当代诗词题材与表现的拓宽

　　　　　　　　　　收入《全国第十七届中华诗词研讨会论文集》，燕赵诗词杂志社，2003.12

（3）论外来语的入诗问题

　　　　　　　　　　刊于《中华诗词》2003年第8期，2003.8

　　　　　　　　　　收入《〈中华诗词〉十年评论选》，中国文史出版社，2004.6

　　　　　　　　　　收入《青春现在进行时》，陕西人民出版社，2009.9

（4）简明诗词格律规则

　　　　　　　　　　刊于《东坡赤壁诗词》2010年第3期，2010.5

　　　　　　　　　　收入《请君贴近我心房》，陕西人民出版社，2009.4

（5）《苏轼诗选》和《苏轼词选》中的标点符号使用

　　　　　　　　　　刊于《陕西广播电视大学学报》2011年第2期，2011.6

（6）标点符号在当代诗词中的应用

　　　　　　　　　　收入《全国第二十三届中华诗词研讨会论文集》，中国文联出版社，2009.10

（7）强力意志——论毛泽东诗词本质

　　　　　　　　　　刊于《长白山诗词》2008年第4期，2008.7

　　　　　　　　　　收入《请君贴近我心房》，陕西人民出版社，2009.4

（8）对精品的呼唤——评萧瑶"果成熟后"诗

　　　　　　　　　　收入《全国第十九届中华诗词研讨会论文集》，中国文史出版社，2007.8

（9）空灵创作的得失——评刘庆霖诗作

　　　　　　　　　　收入《全国第十八届中华诗词研讨会论文集》，中国文史出版社，2005.9

(10)"童话诗"的成功与界限——评刘庆霖第二诗集《掌上春光》
　　　　获"中华诗词六十年高峰论坛暨创作研讨会"论文评选(首都师范大学中国诗歌研究中心、北京华夏翰林文化艺术研究院主办)三等奖(一等奖空缺)
　　　　收入《中华诗词六十年高峰论坛暨创作研讨会论文集》,华夏翰林出版社,2009.10
(11)创新与古韵的协调——评刘庆霖第三诗集
　　　　　　　　刊于《东坡赤壁诗词》2013年第3期,2013.5
(12)现代诗词创作中的写实手法——评何鹤诗词
　　　　　　　　刊于《东坡赤壁诗词》2012年第4期,2012.7
(13)"斯文不丧畏匡时"——日本石川忠久其人其诗
　　　　　　　　刊于《中华诗词》2003年第3期,2003.3
(14)水出和明的诗——兼论日本当代汉诗创作倾向
　　　　　　　　刊于《中华诗词》2004年第4期,2004.4
　　　　收入《〈中华诗词〉十年评论选》,中国文史出版社,2004.6
(15)迎接新时代汉诗发展的机运——寄稿全日本汉诗联盟成立
　　　　　　　　刊于《中华诗词》2004年第9期,2004.9
　　　　日语原文《新たな時代における漢詩発展の機運を迎えて——全日本漢詩連盟の成立に寄す》刊于"扶桑风韵"第1期,2004.3
(16)日本当代汉诗概况及课题
　　　　　　　　刊于《日本研究》2010年第3期,2010.9
(17)日本《扶桑风韵》第五期述评
　　　　　　　　刊于《中华诗词》2008年第9期,2008.9
(18)日本《扶桑风韵》第六期述评
　　　　　　　　刊于《长白山诗词》2010年第4期,2010.7
(19)日本《扶桑风韵》第七期述评
　　　　　　　　刊于《长白山诗词》2011年第4期,2011.7
(20)日本首次汉诗朗诵会追记
　　　　　　　　刊于《文化月刊·诗词版》2006年第5期,2006.6
(21)诗词朗诵与吟诵的配合——记日本第二次"汉诗朗诵会"
　　　　　　　　刊于《诗词月刊》2009年第5期,2009.5

附 录

(22) 诗词朗诵与配乐

      刊于《东坡赤壁诗词》2011 年第 1 期,2011.1

(23) 新世纪的格律诗

      刊于《长白山诗词》2003 年第 5 期,2003.9

      收入《与君相爱五千年》,陕西人民出版社,2009.4

(24) 关于我的诗

      收入《青春现在进行时》,陕西人民出版社,2009.4

(25) 攀越现代诗词的高峰

      收入《请君贴近我心房》,陕西人民出版社,2009.4

(26) 关于我的《前缘》与《原初》

      收入《请君贴近我心房》,陕西人民出版社,2009.4

(27) 中华诗词在对台交流中的纽带作用——参加"情系长安——两岸文化联谊行"

      刊于《东坡赤壁诗词》2011 年第 5 期,2011.9

结　语
现代诗词评论学的构建

一、诗词评论概述

（一）诗词评论的内涵

诗词评论，即对诗词展开相应的批评和议论。其探索的本质问题是，诗词写什么，如何来写。主要用于发现并评价诗作的优点与不足，并针对其不足，为作者如何进行相应的提高进言献策。

诗词评论之内涵具有很大的包容性：从诗词作品的具体用字、词汇、句式、表现，到通篇的章法、结构、立意、思想等等均可关注，切入的角度也是多种多样。总之，与诗词创作相关联的理论问题，都可纳入广义的诗词评论范畴。

（二）诗词评论与诗词创作的关系

诗词评论与诗词创作，一为理论，一为实践。二者对于诗词事业的发展具有同等重要的作用，均需要重视。

诗词水平之高下，首先在"质"，其次在"量"——衡量一个人的诗词水平，是看他所创作的最高水平的诗作；衡量一个时代的诗词水平，是看这个时代一流诗人所创作的一流诗作的水平。

诗词创作，含有对诗作量和质的两方面追求。创作的态度既可以认真严肃，也可以轻松娱乐。诗怎么写，完全是作者的个人自由，创作者主要对自己负责。

与之相比，诗词评论主要针对的是诗作质的追求，要对诗作进行公正的评判，为社会整体的诗词创作提供前进的指针，肩负着提高一个时代诗词水平的使命，立论褒贬，要言之有据。评论者需要以认真严肃的态度，不仅对自己负责，也对读者负责；既要对诗词界负责，也要对诗词史负责。

诗词评论对诗词创作具有引领和指导的作用，起点要求相应高于诗词创作。

作为评论者，在评论中自然持有其个人的文学理念和立场，同时又要保持与客观公正之间的均衡，力求理性与感性的协调。

结 语

（三）中国诗词评论的现状

中国当下的诗词创作至少在量的方面，出现了一些可喜的现象：形成了百万人规模的诗词创作爱好者队伍，全国各地发行着六百多种诗词刊物，每年创作的诗作总量达到数万首之多。不过，如很多人所指出，目前的问题是其中的精品相对较少，质量有待提高，大部分诗作还流于空洞的口号或是对古诗的单纯模拟。诗词评论没有发挥出应有的指导力量。

与诗词创作相比，诗词评论的队伍薄弱得多；每年有大量的各类诗词集问世，而诗词评论方面的理论书籍微乎其微；诗词刊物上大部分版面刊登的是诗词作品，文章只占很少部分，而且多还停留在一般的感想文或个人私交性质的诗集序、跋之类，难以展开客观、公正的批评。

一味地阿谀奉承或冷嘲热讽，都不是评论应有的态度。诗词界迫切需要展开专业的理论批评，树立诗词评论的意识和风气。

"现代诗词"成功的标志，既包括诗词创作精品的不断问世，也包括诗词评论理论体系的树立与完善。将诗词评论系统化、深入化，提升到一个学科的高度，构建"现代诗词评论学"，是中国诗词界今后的重要课题。

二、关于本书自述

（一）本书文章的执笔时间

本书《现代诗词评论》，即为顺应中国诗词界近年来对诗词评论建设的呼吁而推出，收入了我发表在《中华诗词》《东坡赤壁诗词》《长白山诗词》等刊物的文章及收于我留日诗词集中的文章共27篇，具体刊载及收录情况参见本书附录。

各篇文章当时的撰写都经过了反复修改的过程，撰写与刊载或收录的时间间隔也不尽相同。其中，最早的文章是我留日第一诗词集《与君相爱五千年》和第二诗词集《青春现在进行时》的后记，分别撰写于1999年6月和2002年3月，之前自己的文笔活动基本限于文言诗词创作。可以说，我的诗词评论始于对自己诗作的总结。

接着，在2002年下半年撰写了关于石川忠久的评论，2003年上半年撰写了关于刘庆霖第一诗集的评论。二人给我的来信中，均对拙文给予了较高评价：石川忠久认为"写得出色""非常有力"；刘庆霖说自己看到该文后"激动不已"，"甚至我认为，你现在的评论文章要强于你的诗词作品"。

以后在研究、工作之余，我陆续就诗词评论进行了相关探索。本书所收的最新文章是关于刘庆霖第三诗集的评论,执笔于2012年2月。

(二) 本书的内容

这些文章编入本书之际进行了体系化调整,从标题到正文,均作了不同程度的修改。在内容上分为五部分。

第一编"现代诗词通论"就外来语及外国题材的入诗、格律规则的简明化、标点符号在古典诗词和现代诗词中的使用分别进行了论述。这些课题似小实大,与诗词创新——特别是现代诗词的"现代性"之所在——密切相关。

第二编"现代诗词各论"依次论述了毛泽东、萧瑶、刘庆霖、何鹤的诗作。其中,对刘庆霖的三部诗集均进行了评说,在篇幅上,赞扬与批评的比重相近,以体现客观、公正的评论精神。

第三编"日本汉诗评论"介绍中国诗词在海外日本的一脉分支。分别从石川忠久、水出和明的各论,全日本汉诗联盟活动及日本当代汉诗倾向的通论,《扶桑风韵》三期刊物的各论之角度作了论述。通过点与面的结合,多角度地展现当代日本汉诗的形态及存在问题,并对之提出了相应的提高途径。

第四编"现代诗词朗诵"承接第三编所述有必要在日本推广汉诗的中文语音之观点,记述了我在日本开展诗词朗诵活动的具体实践及相关思考。朗诵能够体现诗词的本源特质,也与声韵改革息息相关,并非诗词的点缀而已。"诗词朗诵"从理论和实践方面可供开拓的空间极大,今后有望发展成为一门独立的学科。

第五编"金中诗词自述"收入了我三部留日诗词集的后记及关于自作的阐述文二篇——一篇针对七律,一篇主要针对绝句连作。

(三) 本书的特点

本书所收文章的撰写时间前后跨越十多年,文章的性质、角度不同,篇幅、风格有别。不过,还是有一种内在的精神底蕴贯穿其中,即**强调对时代精神和社会现实的关注,反对守旧的诗词创作,以前卫的创新方式,追求诗词的现代性**。像当年白居易的新乐府运动那样,高举了现实主义精神的大旗。

中华诗词的传统积淀非常重厚,只有写出时代的独特性来,才能获得留存于文学史的价值。

中国古代留下了大量的诗论、诗话的遗产。对其梳理与继承,无疑是一个重要课题。总体来看,古代的这些诗论、诗话多为基于中国传统美学的审美式印象批评。作为"现代诗词评论",仅有传统式的印象批评显然是不够的。为了能把问题说清道明,必须导入现代式的理性分析。将诗作到底好在

结 语

哪里,有何不足,以一种便于现代读者理解的清晰明确的方式阐述出来。

　　本书的主要文章即着眼于相对具体的题材,不求大而全,但求深入细致。本书是以诗词创新为理念的系统性专著,多运用理性分析的方式品评诗作。

　　本书所涉及的范围有限,今后还有很多现代诗词的课题、当代诗词名家的作品都值得开展研究。

　　确切地说,"现代诗词评论"不是"现代诗词/评论",而是"现代/诗词评论",具有广阔的应用天地——深入细致的理性分析方法,不仅用来评论现代诗词,也可用来评论古典诗词。从现代的角度,使用新的方法来重新审视古典诗词,一定会有新的发现与收获。这些也都是我今后的课题。

　　我运用现代式的理性分析于诗词格律与创作,新近著有《诗词创作原理》一书,可作为初学者学习诗词的入门书。

　　本书则可作为中级诗词爱好者进一步提高诗词认识的读物,同时,也为其他诗词评论者提供一定的参考,为"现代诗词评论学"的构建,聊尽自己的分内之力。

　　期待今后有更多的诗词界同仁来参与诗词评论,期待有朝一日"现代诗词评论学"的树立。

金中
2013年寒假于西安交大青教公寓